FRANÇOIS BOSQUET

ÉVÊQUE DE LODÈVE ET DE MONTPELLIER

SON RÔLE DANS L'AFFAIRE DU JANSÉNISME ET DANS LES
QUESTIONS DES RÉGULIERS ET DE LA RÉGALE

(1654-1657)

THÈSE DE DOCTORAT

PRÉSENTÉE ET PUBLIQUEMENT SOUTENUE A LA FACULTÉ DE THÉOLOGIE D'AIX

le 16 juin 1884

PAR

l'Abbé P. HENRY

CURÉ DE CASTELNAU-LE-LEZ

(Diocèse de Montpellier)

Non humore terræ viguit

MONTPELLIER
IMPRIMERIE CRISTIN, SERRE ET RICOME, RUE VIEILLE-INTENDANCE, 5
1884

FRANÇOIS BOSQUET

ÉVÊQUE DE LODÈVE ET DE MONTPELLIER

SON RÔLE DANS L'AFFAIRE DU JANSÉNISME ET DANS LES
QUESTIONS DES RÉGULIERS ET DE LA RÉGALE

(1654-1657)

THÈSE DE DOCTORAT

PRÉSENTÉE ET PUBLIQUEMENT SOUTENUE A LA FACULTÉ DE THÉOLOGIE D'AIX

le 16 juin 1884

PAR

l'Abbé P. HENRY

CURÉ DE CASTELNAU-LE-LEZ

(Diocèse de Montpellier)

Non humore terræ viguit

MONTPELLIER
IMPRIMERIE CRISTIN, SERRE ET RICOME, RUE VIEILLE-INTENDANCE, 5
1884

A Monseigneur DE ROVÉRIÉ DE CABRIÈRES

Évêque de Montpellier,
Lodève, Agde, Béziers, Saint-Pons

Monseigneur,

C'est à Votre Grandeur que je dédie ces pages. Je ne saurais les placer sous un patronage plus autorisé, ni associer au nom de Bosquet, si populaire autrefois, un nom plus aimé que le vôtre.

Successeur de Bosquet dans le gouvernement des deux églises de Montpellier et de Lodève, vous n'avez pas hérité seulement de la fermeté et de la sûreté de sa doctrine. L'autorité condescendante, la charité, la bonté, la douceur qui attiraient, il y a deux cents ans, les cœurs de nos pères vers leur évêque refleurissent magnifiquement en nos jours; et telle a été la force des rapprochements qui se sont imposés à moi en écrivant, que, ayant à placer en tête de cette étude une épigraphe, je n'ai pas cru pouvoir mieux faire que d'appliquer à Bosquet votre devise, en y mettant toutefois au passé ce qui, au futur, s'est trouvé être pour Votre Grandeur une prophétie.

Daignez agréer, Monseigneur, l'hommage du bien profond respect avec lequel j'ai l'honneur d'être, de Votre Grandeur,

Monseigneur,

le très humble et très obéissant serviteur et fils.

P. HENRY

A Castelnau-le-Lez, en la fête de l'Ascension de N.-S, 22 mai 1884.

AVERTISSEMENT.

Tandis que nous mettons la dernière main à la *Vie* d'un des évêques dont s'honore le plus notre diocèse, François Bosquet, nous extrayons de cette *Vie* quelques chapitres que nos maîtres ont bien voulu juger suffisants pour constituer à eux seuls un sujet intéressant.

Les faits que nous y relatons, soit d'après la correspondance de Bosquet avec de Marca et quelques lettres qu'il écrivit à Mazarin, soit d'après les procès-verbaux du Clergé de France, se rapportent aux deux dernières années de l'épiscopat de Bosquet à Lodève et aux deux premières de son épiscopat à Montpellier.

On a beaucoup écrit, et bien mieux que nous ne le saurions faire, sur le Jansénisme, les exemptions des Réguliers et les abus du droit de régale. Sur toutes ces questions, maintenant explorées et traitées à fond, il y a peu de place pour les idées neuves.

Il nous a semblé toutefois que ce n'était pas courir précisément les sentiers battus que de raconter, à propos de ces questions et à l'aide de quelques documents inédits, le rôle que remplit alors un de nos évêques, personnage aujourd'hui peu connu, et qui fut pourtant une des gloires de son siècle.

Nous nous attachons aussi à mettre en relief le caractère de notre héros.

Inébranlable dans ses convictions, absolument ferme dans ses principes; mais, avec cela, le plus aimable, le plus conciliant et le plus doux des hommes : tel fut Bosquet.

FRANÇOIS BOSQUET

Evêque de Lodève et de Montpellier

SON ROLE DANS L'AFFAIRE DU JANSÉNISME ET DANS LES
QUESTIONS DES RÉGULIERS ET DE LA RÉGALE
(1654-1657)

CHAPITRE PREMIER

Précis de l'Histoire du Jansénisme jusqu'à l'intervention de François Bosquet, évêque de Lodève

SOMMAIRE. — I. Le Protestantisme qui se déguise. — Jansénius.— L'*Augustinus*. — Saint-Cyran. — *Le Chapelet secret du Saint-Sacrement.* — Raisons du succès du Jansénisme. — Arnauld et son livre *de la Fréquente Communion.* — Divisions causées par l'apparition de ce livre.— L'*Augustinus* devant la Sorbonne — Il est dénoncé au pape Innocent X. — Lettre de 85 Prélats de France au Souverain Pontife contre les cinq fameuses propositions. — Récriminations de certains dans l'Épiscopat contre cette lettre. — Ce qu'il en faut penser — Sage conduite d'Innocent X.
II. A Rome, on instruit sérieusement la cause.—Jugement du Pape.--Acceptation de la Bulle *Cum occasione* par les prélats présents à Paris. — Opposition de quelques Évêques. — Lettres pastorales de l'Archevêque de Sens et de l'Évêque de Comminges. — Fâcheuse impression qu'elles produisent à Rome.— Départ de l'Évêque de Lodève pour cette Ville.

I

Il y a eu bien peu d'hérésies aussi redoutables et aussi funestes que le Jansénisme.

Non pas que les erreurs mises par lui en circulation fussent bien neuves. *Nil novi sub sole.* Ce mot de nos saints livres est surtout vrai du mensonge. Le génie inventif de l'esprit du mal a ses limites, et, au XVIIe siècle, quand le

Jansénisme parut, il y avait longtemps déjà que les fabricants d'hérésies en étaient réduits au rôle de plagiaires.

Né du Baïanisme qui n'était lui-même, en bien des points essentiels, qu'une contrefaçon plus ou moins déguisée des doctrines chères à Luther et à Calvin, le Jansénisme avait avec ses dernières une profonde et indéniable similitude. Même solution donnée aux graves et difficiles problèmes de la prédestination, du libre arbitre et de la grâce; mêmes tendances radicales à saper l'autorité dans l'Etat comme dans l'Eglise.

On a retenu le mot célèbre d'un courtisan, homme d'esprit, à Louis XIV : « Le Janséniste, sire, c'est un calviniste qui dit la messe. » Et de vrai, c'était bien le protestantisme qu'on se proposait de rééditer, mais un protestantisme sans franchise, plein de duplicité, d'hypocrisie et de faux-fuyants, et autrement redoutable sous cet aspect que le Protestantisme officiel. Celui-ci, du moins, on le connaissait; il était facile de le fuir ; on était prémuni d'avance contre ses attaques. Le Jansénisme, au contraire, resté au cœur de la place, ne pouvait manquer de faire illusion à beaucoup, habilement retranché qu'il était derrière l'autorité doctrinale et le nom universellement respecté du docteur d'Hippone.

Jansénius, à peine investi de la dignité épiscopale, était mort frappé de la peste, en 1638. Sur le seuil de l'éternité, à l'heure où tous les voiles se déchirent, et où, la conscience parlant plus fort, l'on se sent plus vivement poussé à rentrer en soi, cet homme avait pourtant gardé son masque hypocrite. Ni les remords d'une vie employée tout entière à donner un nouveau corps à des erreurs déjà condamnées, à construire patiemment, pièce par pièce, et dans des labeurs de bénédictin, le triste système qui devait garder son nom dans l'histoire; ni les souvenirs de Bourg-Fontaine, où lui et Saint-Cyran, dix-sept ans en deçà, avaient osé avouer à quelques initiés leur pensée intime (1), savoir : que c'était moins tels ou tels dogmes précis que l'on devait se proposer de battre en brèche, que la foi elle-même dont il importait de tarir les sources ; ni ces souvenirs, ni ces remords, disons-nous, n'étaient venus troubler son agonie. On l'avait vu s'éteindre tranquillement, calme et impassible, presque serein, parlant à tous de sa fidélité à l'Eglise et de sa soumission au St-Siège. Or, tandis qu'il déclarait souscrire d'avance, en toute humilité, au jugement qu'il plairait au pape de prononcer sur l'*Augustinus*, le futur évangile de la secte, c'est à deux disciples secret de Baïus, Libère Fromond et Henri Calenus, qu'il confiait le soin de surveiller la publication de son ouvrage, avec ordre de n'y rien changer (2).

Qu'était-ce donc que cet ouvrage, et quelle doctrine Jansénius y enseignait-il ? Nous avons le devoir de le rappeler ici. Nos lecteurs jugeront ensuite de la sincérité de ce mourant.

Il y a, dit Jansénius, deux sortes d'états de l'homme : l'état d'innocence et l'état de nature déchue ; à chacun de ces deux états correspond une grâce diverse.

Dans l'état d'innocence, l'homme était, comme les anges, entièrement libre, et la grâce que Dieu lui avait départie était soumise à sa liberté. Il avait la faculté d'en user ou de n'en user pas. Il ne pouvait assurément faire le bien sans elle, mais elle ne le déterminait pas non plus à le faire.

Depuis la prévarication d'Adam, la condition de l'homme a subi des modifications bien profondes.

Désormais déchu, il est resté soumis à la triste nécessité

(1) V. les premiers Jansénistes et Port-Royal par Mgr Antoine Ricard, prélat de la maison de Sa Sainteté et professeur à la Faculté de théologie d'Aix.

(2) Histoire ecclésiastique du XVIIme siècle, p. 9, 10. Paris, André Pralard, MDCCXIV.

de pécher. Pour remuer son cœur, il n'y a plus qu'un ressort maintenant : le plaisir, plaisir ou céleste ou terrestre, selon qu'il est engendré par la grâce, ou qu'il a sa source dans la concupiscence ; mais, quel qu'il soit, toujours inévitable dans ses approches et invincible quand il est venu.

De là un double courant dans l'âme humaine : l'un supérieur, l'autre inférieur ; celui-là né du plaisir selon la grâce, attirant nécessairement l'homme vers la vertu ; celui-ci, au contraire, produit de la délectation naturelle, le déterminant nécessairement à mal vivre. De ces deux courants, celui qui est actuellement le plus fort est infailliblement victorieux. Il est irrésistible.

Coupable toutes les fois qu'il agit sans la grâce, et par cela seul qu'elle lui fait défaut, l'homme a besoin pour pratiquer le bien d'une grâce qui imprime à sa volonté dans ce sens une détermination exclusive. Or, cette grâce indispensable, *sine quâ non*, Dieu ne la donne pas à tous, il ne la doit pas à tous non plus.

Tous, pécheurs en Adam, sont passibles à ce titre de la damnation éternelle, et il n'y a point injustice de la part de Dieu à refuser à certains le secours surnaturel et efficace qui les sauverait. Sa justice, en effet, s'exerce dans la réprobation qui en est l'acte souverain ; la prédestination au contraire n'est qu'un décret purement gratuit par lequel il a résolu de toute éternité d'arracher quelques hommes à la corruption générale, en leur fournissant l'invincible appui qui doit forcer leur persévérance.

Tel était, en substance, l'enseignement de l'hérésiarque. Les conséquences n'en pouvaient être que déplorables.

Les hommes à qui Dieu refusait sa grâce n'avaient donc point un pouvoir prochain de faire le bien. Ils ne le feraient même jamais, pour mieux dire, et Dieu en leur ordonnant d'observer sa loi, les soumettait à une obligation impossible. D'autre part, si la grâce, comme la concupiscence, était irrésistible, que devenait la liberté ? car l'essence de la liberté ne consiste pas uniquement dans l'exemption de toute contrainte, mais dans cette faculté maîtresse d'indifférence qui nous permet de vouloir ou de ne vouloir pas, et de nous déterminer nous-mêmes au bien ou au mal à notre gré. Enfin, la prédestination étant gratuite, la grâce absolument et toujours efficace, et le don de persévérance indépendant du libre-arbitre, il s'en suivait que J.-C. n'avait pas mérité à tous les hommes, sans exception, par sa mort, des grâces générales et suffisantes n'ayant leur effet qu'avec le concours de leur volonté libre, et par le moyen desquelles ils fussent en état de croire, de persévérer et de parvenir au salut. En un mot, pour Jansénius comme pour Luther, le sacrifice du Calvaire n'avait point eu et ne pouvait avoir d'application universelle. Le fils de Dieu ne l'avait accompli en réalité que pour les élus.

Dès lors, il est facile de s'en rendre compte, ce qu'il y avait sous les formules de l'évêque flamand et dans tout le fond de son ouvrage, c'était le Baïanisme le plus pur avec ses théories les plus avancées ; c'était la reproduction du fatalisme de la Réforme, héritière et vulgarisatrice sans grandes variantes, à l'aurore des temps modernes, des erreurs fondamentales de l'hérésie albigeoise et des premiers manichéens. Au sommet, un Dieu tyran ; en bas, les hommes esclaves : le Jansénisme pouvait se résumer dans ces deux termes. Et c'est à un système pareil que Jansénius mourant avait ordonné de ne rien changer !

Son dernier vœu avait été obéi.

L'*Augustinus* avait paru en 1640, à Louvain, chez Jacques

Zegers (1). Henri Calenus et Jacques Pontanus, censeurs des livres, l'avaient approuvé. Le conseil de Brabant, le roi catholique et l'empereur lui avaient accordé, les yeux fermés, leurs privilèges. En vain, Stravius, nonce à Bruxelles, était-il intervenu auprès de l'Université de Louvain pour lui rappeler les décrets si prudents et si sages de Paul V et d'Urbain VIII, interdisant la publication d'écrits sur les matières de la grâce sans l'autorisation du St-Siège ; l'Université, secrètement acquise au Baïanisme, s'était contentée de répondre que les décrets en question ne pouvaient être d'aucune force dans les Flandres, puisqu'ils n'y avaient jamais été promulgués, et elle n'en avait pas moins continué ses faveurs à l'ouvrage de l'évêque d'Ypres.

L'*Augustinus* depuis avait fait son chemin. En 1641, il était imprimé à Rouen, avec l'approbation de six docteurs de la Faculté de Paris. Moins de deux ans après, on en avait donné au public une seconde édition.

En France d'ailleurs, grâce à Saint-Cyran, le terrain était admirablement préparé pour le recevoir.

Tandis que Jansénius se renfermait dans son rôle d'écrivain et formulait laborieusement, à grand renfort de textes torturés, la dogmatique Jansénienne, Saint-Cyran, lui, plus avisé et plus pratique, avait pris la direction extérieure de l'entreprise où les poussait de concert leur mauvais génie. Il s'était

______

(1) Cet ouvrage est distribué en trois tomes : le 1er contient 8 livres, pour expliquer les erreurs des pélagiens et des semi-pélagiens. Le second en renferme 9, ainsi répartis : un livre prœmial sur la manière de raisonner en théologie et surtout sur l'autorité de saint Augustin ; un livre sur l'état de la nature innocente, où il est question de la grâce du premier homme et des anges ; quatre livres sur l'état de la nature déchue ; trois livres enfin sur l'état de pure nature. Le troisième tome contient 10 livres sur la grâce du Sauveur, avec un parallèle des erreurs semi-pélagiennes des prêtres de Marseille et des opinions de Molina et de quelques autres théologiens.

attaché tout d'abord à former des disciples capables de le servir utilement dans ses vues, et ses efforts avaient été couronnés d'un plein succès. Dès 1620, il s'était assuré l'amitié des d'Andilly, famille considérable déjà dans l'Etat par ses relations et ses alliances, mais bien autrement célèbre depuis par l'illustration du grand Arnauld et de sa sœur, la mère Angélique, les deux autorités les plus respectées et les plus admirées du Jansénisme.

Fort de ces conquêtes dont il ne prévoyait que trop l'immense portée, soutenu ici et là, en secret, par quelques ecclésiastiques et quelques évêques, Saint-Cyran s'était mis à poursuivre sans relâche l'exécution de ses desseins.

Cet homme en vérité était un maître. La nature ou l'enfer lui avaient donné tout ce qu'il fallait pour réussir.

Doué de toutes les qualités, disons mieux, de tous les défauts qui font la fortune des chefs de secte ; entreprenant et hardi, mais prudent et réservé tout ensemble ; d'une habileté peu commune, d'une puissance de dissimulation incomparable, il s'était fait une spécialité de la conduite des âmes, qu'il entretenait, pour les mieux séduire, dans les rêveries les plus dangereuses d'un mysticisme de mauvais aloi.

Parti de ce principe que le triomphe des idées nouvelles n'est jamais aussi sûr que lorsqu'elles peuvent trouver des alliées ou des auxiliaires dans les mœurs, il avait fait de l'hérésie en action, façonnant, habituant les âmes peu à peu à un mode d'être en religion qui était bien ce qu'il y avait de plus contraire aux traditions constantes de l'Eglise, mais qui avait l'avantage du moins de frayer la voie aux théories qu'il voulait faire prévaloir. C'est ainsi que, en 1627, il avait imaginé une dévotion extravagante et bizarre, dite du *Chapelet secret du Saint-Sacrement*. La notion du respect dont l'homme doit entourer la majesté divine y était si fort exagérée, cette même majesté divine y était représentée sous des aspects et avec des traits si redoutables, que les âmes ne pouvaient moins faire, en bonne logique, que de s'abstenir complètement de la fréquentation de l'Eucharistie.

Et c'est effectivement ce qui n'avait pas tardé à se produire. Le 16 juin 1633, la Sorbonne, justement émue, avait bien, par l'organe d'un de ses plus illustres docteurs, Nicolas Cornet, réprouvé un enseignement aussi funeste (1). Mais, en France, les idées vont vite, et l'on avait beaucoup trop attendu pour réagir. Cinq ans de libre propagande avaient fait la fortune du *Chapelet* qu'on s'avisait maintenant de proscrire. Des communautés entières de religieuses l'avaient accepté à l'imitation de Port-Royal, et l'avaient recommandé par leur exemple aux dévotes mondaines de la bourgeoisie et de la cour. Le Jansénisme avait eu dès lors des positions toutes prises, et dans la haute société et dans les cloîtres. Que pouvait contre cet état de choses la Sorbonne avec ses foudres ? Saint-Cyran n'en était pas moins resté le confesseur à la mode, et l'un des prêtres les plus consultés de Paris.

Les succès de ce dernier avaient tenu d'ailleurs à bien des causes. On n'expliquerait pas, par l'unique attrait de son mysticisme, qu'un grand parti, tout prêt à la lutte, se fût formé en si peu de temps sous sa direction. La vérité est que l'enseignement des doctrines janséniennes n'avait que trop répondu, dès le début, à certaines dispositions des esprits.

Dans l'Episcopat, le Gallicanisme avancé de quelques évêques, jaloux de restreindre à leur bénéfice les prérogatives

(1) Cette dévotion fut condamnée comme contenant « plusieurs »extravagances, impertinences, erreurs, blasphêmes et impiétés qui »tendent à détourner les âmes de la pratique des vertus de foi, espé- »rance et charité, à détruire la façon de prier instituée par J.-C. et »introduire des opinions contraires aux effets d'amour que Dieu »a témoigné pour nous, et nommément au sacrement de la Sainte- »Eucharistie et au mystère de l'Incarnation». (V. Rapin, hist. du Jansé- nisme.)— V. aussi les premiers Jansénistes et Port-Royal, par Mgr Ant. Ricard, prélat de la maison de Sa Sainteté et professeur à la faculté de théologie d'Aix, p. 50-51.

dé la papauté et de substituer l'oligarchie dans l'Eglise au gouvernement d'un seul; dans l'Université et les Parlements, l'influence du Richérisme, encore tenace malgré les censures de la Sorbonne et de la Congrégation de l'Index ; chez beaucoup de ceux qui étaient revenus du protestantisme au catholicisme depuis Henri IV, le souvenir profond et resté vivant des erreurs dont avait été nourrie leur enfance ; la vie licencieuse d'un grand nombre dans les premiers corps de l'Etat; ce refuge offert à leur corruption de ne paraître céder qu'à un sentiment religieux plus exquis en s'abstenant de la pratique des Sacrements, alors qu'ils en étaient éloignés, surtout par le relâchement de leurs mœurs; puis, cette loi des contradictions humaines qui veut que les moins disposés à régler leur propre conduite soient ceux-là même le plus souvent qui, devant les hommes, embrassent la cause de la vertu avec le plus de fougue, comme s'ils trouvaient une façon de dédommagement pour leur conscience à couvrir sous le bruit qu'ils font au dehors les grandes et les petites hontes de leurs défaillances intimes ; les excès du genre précieux dans les ruelles, où la manie de ne parler comme personne, de soutenir les thèses les plus paradoxales, sous prétexte d'échapper aux vulgarités du convenu et de la coutume, devait pousser fatalement les beaux esprits vers les nouveautés ; mille intrigues enfin, intrigues de la coquetterie et de la politique, où des femmes, princesses, duchesses et marquises, avaient joué les principaux rôles, où parlementaires et nobles mécontents, s'étaient ligués pour faire opposition, sur le terrain religieux, à un Gouvernement que son absolutisme et les abus trop réels qu'on lui reprochait avaient rendu presque impopulaire ; telles avaient été, dans leur ensemble, les causes qui avaient fait à Saint-Cyran sa situation exceptionnelle de chef de secte.

Richelieu, pressentant avec son génie tout ce qu'il pouvait y avoir de dangereux pour l'Etat dans l'extension des idées nouvelles, avait bien essayé d'en enrayer la marche. Il avait fait enfermer leur apôtre à Vincennes ; mais, comme la Sorbonne, il était arrivé trop tard, et Saint-Cyran n'avait jamais eu autant d'autorité et de puissance que le jour où il avait pu paraître aux yeux des enthousiastes, des fanatiques ou des badauds, entouré de l'auréole des martyrs.

Du fond de sa prison, Saint-Cyran n'avait point cessé, grâce à la protection de quelques personnages influents et à la connivence de ses gardiens, d'être en relations suivies avec ses disciples et de diriger les affaires de son parti. C'est ainsi qu'il avait engagé Arnauld à continuer dans un ouvrage que tout le monde put lire, l'œuvre de propagande que le *Chapelet du Saint-Sacrement* avait si bien commencée (1).

Arnauld, fidèle au mot d'ordre, avait publié, en effet, en 1643, son livre de la *Fréquente Communion*.

La doctrine de ce livre, toute Jansénienne, et absolument contradictoire au titre qui la couvrait, se pouvait résumer dans ces deux principes, savoir : que le délai de l'absolution devait être imposé par le confesseur à tout pénitent qui ne s'en serait pas rendu digne par une expiation proportionnée à ses fautes, et qu'on ne devait admettre à la communion que les parfaits.

Nous ne savons pas de principes plus décourageants ni plus funestes. Ceux-ci ne tendaient à rien moins qu'à multi-

______

(1) A la vérité, le livre de *la Fréquente Communion* fut une réponse d'Arnauld à un petit traité sur le même sujet que son auteur, le P. de Sesmaisons, de la Compagnie de Jésus, avait composé à l'intention de la princesse de Guéménée et dans le but de l'arracher à la direction de Saint-Cyran. Ce fut là l'occasion du livre. Saint-Cyran n'en fut pas moins le véritable inspirateur.

plier les vides autour des confessionnaux et de la Sainte
Table, conséquemment à tarir la vie chrétienne dans ses
sources ; mais ils étaient contenus dans un chef-d'œuvre ;
l'auteur avait fait preuve de tant de qualités littéraires ;
il s'exprimait avec tant de clarté, tant de précision ; son
style avait une allure à la fois si élégante et si française,
que, tout entiers à l'attrait et à la séduction de la forme,
beaucoup ne s'étaient point arrêtés au venin caché dans
le fond, et que son livre, en quelques mois, avait gagné
plus de prosélytes à l'hérésie que ne l'avaient fait et ne le
pourraient jamais faire les thèses savantes accumulées dans
les lourds et indigestes in-folios de l'évêque d'Ypres. Saint-
Cyran, mourant cette même année, le disait avec raison à
son entourage : lui disparu, les hommes n'étaient pas près de
manquer au Jansénisme.

Il faut avoir parcouru quelques-uns des récits de ce temps
pour se faire une idée exacte de la révolution causée dans
les esprits par l'apparition du livre d'Arnauld.

Ce livre, à peine connu, avait jeté au sein de l'Episcopat
et du clergé de France le ferment des divisions les plus profondes.

Vingt docteurs de la Faculté de Paris et seize évêques,
l'archevêque de Sens, Octave de Bellegarde, en tête,
l'avaient approuvé dès le début ; et, pour que l'auteur ne
fût point inquiété par la cour de Rome où on l'avait représenté, non sans raison, comme un novateur de la pire
espèce, ils avaient écrit à Urbain VIII une lettre collective
où ils prenaient hardiment la défense d'Arnauld et de son
œuvre. « L'illustre écrivain était digne, selon eux, de tous
égards, autant par l'éclat de ses vertus que par la supério-
rité de ses talents. En l'accusant comme ils l'avaient fait, ses
ennemis avaient dénaturé sa pensée et calomnié ses intentions. » Un janséniste habile et disert, l'abbé Bourgeois, de

la maison de Sorbonne, s'était chargé de présenter lui-même cette lettre au Souverain-Pontife, et d'empêcher par ses explications qu'une condamnation flétrissante ne vînt nuire au développement de la nouvelle Eglise, en amoindrissant la personnalité de son chef.

Et en effet, sur ses instances, les cardinaux inquisiteurs avaient rendu un vote, non pas favorable, mais qui, en suspendant pour le moment tout jugement, écartait par là toute idée de censure (1). On n'en demandait pas davantage.

Dans l'intervalle, dix autres évêques entraînés par leur métropolitain, l'archevêque d'Auch, étaient venus se joindre aux premiers, tandis que le coadjuteur de Paris, poussé par son ambition plus encore que par sa dépravation de sceptique à servir les intérêts de la secte, engageait son oncle, le vieux Gondi, à interdire la chaire au P. Nouët, coupable

(1) Le Tribunal de l'Inquisition releva néanmoins dans l'œuvre du docteur janséniste, ou plutôt dans la préface de cette œuvre, une proposition des plus hétérodoxes, et qui est restée célèbre dans l'histoire du dogme sous le nom *d'hérésie des deux chefs*: « Saint Pierre et saint »Paul sont deux chefs de l'Eglise qui n'en font qu'un, en sorte que »saint Paul est l'égal et non le sujet de saint Pierre, dans la primauté »et le gouvernement de l'Eglise universelle.» Repoussée aussitôt par la Sorbonne, dont Arnauld avait espéré un instant faire sa complice, flétrie énergiquement par saint Vincent-de-Paul dans une lettre qu'il écrivit à Rome à ce sujet, secrètement censurée dès 1645, cette proposition fut définitivement déclarée hérétique par le Saint-Siège (24 janvier 1647) et le pape interdit la lecture de tous les livres où elle serait contenue. Nous devons dire cependant que, dès que les premières désapprobations se furent produites, Arnauld se hâta de la désavouer. Elle avait été glissée subrepticement, déclara-t-il, dans sa préface. Il n'en fit pas moins paraître deux écrits pour la défendre, sous le voile de l'anonymat. Ces deux écrits furent condamnés; mais le livre de la *Fréquente Communion* avait échappé à l'anathême.

Rome n'avait suspendu son jugement, à l'endroit de ce livre, que par égard pour les évêques qui avaient cru devoir l'appuyer. En 1690, du vivant d'Arnauld encore, les circonstances ayant changé, ce livre fameux fut réprouvé dans son ensemble et mis à l'index par Alexandre VIII.

d'avoir, dans un discours qui avait fait quelque bruit, dénoncé les conséquences déplorables du livre de la *Fréquente Communion*.

L'*Augustinus* de l'évêque d'Ypres avait rencontré des juges autrement sévères.

Le Tribunal de l'Inquisition romaine avait rendu en 1641 un premier décret condamnant les doctrines de Jansénius sur la grâce. L'année suivante, Urbain VIII avait publié une bulle aux termes de laquelle il déclarait que l'*Augustinus* renfermait et soutenait, au grand scandale des catholiques et au grand mépris de l'autorité du Saint-Siège, plusieurs propositions que le Saint-Siège avait déjà condamnées, et où il renouvelait contre son auteur toutes les censures que Pie V et Grégoire XIII avaient jadis prononcées contre Baïus. Pour les Jansénistes, c'était là un rude coup. Par malheur, la bulle d'Urbain VIII n'avait été reçue qu'imparfaitement en France. L'archevêque de Paris à qui le nonce Grimaldi l'avait remise, l'avait bien publiée dans son diocèse; mais il n'avait pas attendu que le Parlement l'eût enregistrée, et, l'absence de cette formalité ayant donné lieu à de nombreuses réclamations, les docteurs de Sorbonne avaient tâché de concilier leur devoir avec leur soumission aux lois du royaume, en prenant simplement le parti de faire inscrire dans les registres de la Faculté les propositions rapportées dans la bulle, et de défendre à tous docteurs, licenciés et bacheliers, de les soutenir (1).

Néanmoins, parmi les théologiens de l'illustre Société, certains n'avaient pas été d'avis de se renfermer exclusivement dans le rôle trop passif qu'on leur imposait. Isaac Habert, théologal de Paris, pour ne parler que de celui-là,

(1) Hist. eccl. du XVIIme siècle, t. II, p. 66.

avait pris énergiquement l'offensive et on l'avait vu, dans trois sermons prêchés à Notre-Dame (1), dénoncer avec autant de précision que de vigueur l'hétérodoxie du Jansénisme.

Arnauld avait aussitôt riposté à ces attaques par deux plaidoyers en faveur du système de l'évêque d'Ypres (2). La querelle n'en avait été que plus envenimée et plus ardente. Quantité d'écrits avaient paru dans les deux camps, thèses ou pamphlets, dont les auteurs n'appartenaient pas tous à la Sorbonne ; car les laïques même s'en étaient mêlés, et tels membres de nos grandes cours, délaissant un instant la jurisprudence pour le dogme, s'étaient mis à discuter gravement sur la nature et l'efficacité de la grâce (3).

Qu'était devenu avec cela le désir des sages qui eussent voulu que le silence se fît rigoureusement de part et d'autre sur des questions aussi complexes et aussi ardues ? Ces questions étaient tombées maintenant dans le domaine public. Elles passionnaient la Cour et les parlements, la Sorbonne et l'épiscopat, les communautés religieuses et les cercles des ruelles en vogue. D'autant que le Jansénisme, plus envahissant de jour en jour, en était venu à ne point douter de ses forces et à se considérer comme certain du succès final. La plupart des curés de Paris s'étaient constitués ses créatures, et il ne cachait nullement son espérance de devenir maître, à bref délai, d'une partie notable des évêchés du Royaume.

Quant à ses tendances politiques, elles étaient aussi sérieu-

(1) Le premier et le dernier dimanche de l'Avent 1643. (V. Hist. eccl. du XVIIme siècle, t. II, p. 64.)
(2) Première et seconde Apologies pour Jansénius.
(3) Citons entre autres René Meaupou, président de la Cour des Aides.

sement dangereuses. Il préparait l'insurrection dans l'Etat comme il poussait à la révolte dans l'Eglise. Et l'on ne s'y était pas mépris aux jours de la Fronde. Le gouvernement et la cour n'avaient point hésité à désigner et à nommer l'influence qui avait armé contre eux le bras de l'émeute.

Dans ces circonstances, l'obligation d'agir s'imposait à la Sorbonne. C'était le cas pour elle de se souvenir de son titre si ancien et si glorieux de Concile permanent des Gaules. Dès le 1ᵉʳ juillet 1649, Nicolas Cornet, son syndic, celui-là même qui devait avoir Bossuet pour élève et dont Bossuet devait prononcer l'oraison funèbre, avait proposé à l'assemblée la censure de six propositions extraites de l'*Augustinus* et dans lesquelles se résumait toute la doctrine de ce livre (1). Mais les avis s'étaient trouvés partagés entre les docteurs, ceux-ci n'acceptant pas qu'on mît en cause la personnalité de l'évêque d'Ypres, ceux-là se refusant absolument à entrer dans l'examen de propositions conçues, disaient-ils, en termes équivoques et qu'on n'attribuait à aucun auteur.

Placés sur ce terrain, les débats menaçaient de demeurer sans solution, lorsque la Faculté avait décidé, à la majorité de ses membres, de passer outre et de faire ce qu'elle considérait comme son devoir. Les propositions furent donc examinées par une commission de théologiens spécialement désignée à cet effet, et la réponse de ceux-ci fut que ces propositions méritaient d'être censurées.

Les choses en étaient là, lorsque François Bosquet avait été appelé à l'évêché de Lodève.

Depuis, les défenseurs du Jansénisme ne s'étaient pas

---

(1) Ces propositions sont les cinq condamnées dans la bulle du pape Innocent X. La sixième était celle-ci : « Les œuvres des infidèles sont des péchés. »

tenus pour battus. Ils en avaient appelé au Parlement de la sentence de la Commission, et le Parlement, dont les at-taches avec les novateurs n'étaient un mystère pour per-sonne et qui aimait assez d'ailleurs à s'immiscer dans les affaires religieuses, avait supprimé, sans aucun scrupule, le jugement de la Faculté. Mais la Faculté était tenace et peu facile à intimider. Dans un cas comme celui-là surtout, elle avait toutes sortes de bonnes raisons pour ne pas s'inquiéter outre mesure des abus de pouvoir de la première cour du Royaume. Elle envoya tout simplement à Rome un député chargé de présenter à Innocent X le texte et les motifs de la censure qu'elle venait d'édicter contre l'*Augustinus* et de lui demander en même temps son approbation.

Ceci se passait en 1650.

Quatre consulteurs nommés par le Souverain-Pontife se mirent à l'œuvre aussitôt; trois d'entre eux approuvèrent pleinement les conclusions de la Sorbonne.

Quant aux Cardinaux de la Congrégation de l'Inquisition auxquels ils avaient soumis leur rapport, ils renvoyèrent à plus tard le prononcé de leur jugement.

C'est alors que les docteurs de la Faculté de Paris, pour amener du côté de Rome une solution plus rapide et mettre fin à des lenteurs qui ne leur paraissaient pas sans danger pour la paix religieuse en deçà des Alpes, s'arrêtèrent au parti de solliciter des prélats de France une lettre collective dans laquelle ils réclameraient expressément du Saint-Père la condamnation du livre de Jansénius.

On donna suite immédiatement à ce projet. Habert, le théologal que nous connaissons, devenu depuis peu évêque de Vabres, se chargea de rédiger dans ce sens une adresse au Pape que quatre-vingt-cinq évêques, parmi lesquels nous avons été heureux de voir figurer Bosquet, s'empressèrent de couvrir de leurs signatures. Cette adresse fut un événement capital, et la place qu'elle occupe dans l'histoire du Jansénisme est si importante que nous n'hésitons pas à la reproduire.

La voici telle que nous la trouvons dans les actes du clergé de France (1) :

« Très Saint Père,

» La foi de Pierre, laquelle ne peut jamais manquer, de-
» mande avec grande raison que, suivant la coutume reçue
» et autorisée dans l'Eglise, l'on rapporte les causes majeures
» au Saint-Siège apostolique. Pour obéir à une loi si équi-
» table, nous avons estimé qu'il étoit nécessaire d'écrire à
» Votre Sainteté, touchant une affaire très importante qui
» regarde la religion. Il y a dix ans que nous voïons avec
» grande douleur la France agitée de troubles très violents
» à cause du livre posthume de M. Cornélius Jansénius,
» évêque d'Ypres, et de la doctrine qui y est contenüe. Ces
» mouvements devoient être apaisez, tant par l'autorité du
» Concile de Trente, que par celle de la bulle d'Urbain VIII
» d'heureuse mémoire, par laquelle il a prononcé contre les
» dogmes de Jansénius et a confirmé les décrets de Pie V et
» de Grégoire XIII contre Baïus. Votre Sainteté a établi par
» un nouveau décret la vérité et la force de cette bulle ; mais
» parce que chaque proposition en particulier n'a pas été
» notée d'une censure spéciale, quelques-uns ont crû qu'il y
» avoit encore lieu à leurs chicanes et à leurs suites. Nous
» espérons que tous moïens leurs en seront otez, s'il plaît à
» Votre Sainteté, comme nous l'en supplions très humblement,
» de définir, clairement et distinctement, quel sentiment il faut
» avoir en cette matière. C'est pourquoi nous la conjurons de
» vouloir faire l'examen, et porter un jugement clair et cer-

(1) V. Procès-verbaux des Assemblées du clergé, t. iv. Pièces justificatives.

»tain de chacune des propositions qui suivent, sur lesquelles
»la dispute est plus dangereuse, et la contestation plus
»échauffée.

»Première proposition : *Quelques commandements de Dieu*
»*sont impossibles à des justes qui désirent et qui tâchent de*
»*les garder, selon les forces qu'ils ont alors ; et ils n'ont point*
»*de grâce par laquelle ils leurs soient rendus possibles.*

»Seconde proposition : *Dans l'état de la nature corrompüe,*
»*on ne résiste jamais à la grâce intérieure.*

»Troisième proposition : *Pour mériter et démériter dans*
»*l'Etat de la nature corrompüe, on n'a pas besoin d'une*
»*liberté exempte de la nécessité d'agir, mais il suffit d'avoir*
»*une liberté exempte de contrainte.*

»Quatrième proposition : *Les semi-Pélagiens admettaient*
»*la nécessité d'une grâce intérieure prévenante, pour chaque*
»*action en particulier, même pour le commencement de la*
»*foi, et ils étoient hérétiques, en ce qu'ils prétendoient que cette*
»*grâce fût de telle nature que la volonté eût le pouvoir d'y*
»*résister ou d'y consentir.*

»Cinquième proposition : *C'est une erreur des semi-Péla-*
»*giens de dire que Jésus-Christ soit mort ou qu'il ait répandu*
»*son sang pour tous les hommes sans exception.*

»Votre Sainteté a depuis peu éprouvé combien l'autorité
»du Siège Apostolique a eu de pouvoir pour abattre l'erreur
»du double chef de l'Eglise. La tempête a été aussitôt apai-
»sée ; la mer et les vents ont obéi à la voix et au comman-
»dement de Jésus-Christ ; ce qui fait que nous vous supplions,
»Très-Saint Père, de prononcer sur le sens de ces proposi-
»tions un jugement clair et décisif, auquel M. Jansénius,
»proche de la mort, a soumis son ouvrage ; de dissiper toute
»obscurité, de rassurer les esprits chancelants ; d'empêcher
»les divisions et de redonner à l'Eglise sa tranquillité et son
»éclat. Pendant que nous jouissons de cette espérance, nous

»portons nos souhaits et nos vœux à Dieu, afin que ce roi
»immortel des siècles comble Votre Sainteté de longues et
»heureuses années, et, après un siècle de vie, d'une très
»heureuse éternité. »

Dans cette adresse, de fond si catholique et de forme si
modérée, il n'y avait assurément rien à reprendre. Elle n'en
souleva pas moins, dans une certaine portion de l'épiscopat,
et pour des causes diverses, des oppositions assez vives.
Parmi les évêques, quelques-uns même de ceux que les doctrines janséniennes n'avaient point séduits absolument, l'esti-
mèrent inopportune et prématurée. Pour eux, dans cette
grave question, ce qui était en cause surtout, c'était moins
Jansénius et sa doctrine que les prérogatives traditionnelles
de leur ordre, atteintes et compromises peut-être, à leur
sens, par la démarche de leurs collègues. Les évêques sont
juges de la foi, eux aussi, dans leurs diocèses. Or, il leur paraissait qu'on avait fait litière de leur juridiction, et ils trouvaient maintenant inadmissible qu'on eût pu recourir immédiatement au Saint-Siège, à propos d'un fait dogmatique,
avant qu'ils eussent été appelés à l'examiner.

Dans l'espèce, c'était pousser la susceptibilité beaucoup
trop loin. Les circonstances étaient assez critiques et le mal en
France assez profond, pour qu'on n'ajoutât pas aux difficultés
du moment celles qui pourraient surgir encore de ces
querelles.

Et il s'agissait bien, en vérité, d'affirmer un droit qui
n'était pas contesté à Rome, que les prélats signataires de
l'adresse n'avaient jamais eu l'intention de méconnaître,
mais dont ils avaient cru aussi ne pas devoir exagérer la
portée ! Ils n'ignoraient pas que « le Saint-Esprit leur avait
»donné le pouvoir de juger les matières de foi qui sont
»ou manifestement hérétiques ou mises en doute parmi les

»savants (1). » Relativement à ces dernières, que le Pape les appelât, ou qu'il les autorisât simplement à se réunir en Concile, ils pouvaient formuler contre elles une sentence qui, soumise ensuite à l'approbation du Saint-Père, aurait force de loi dans l'univers chrétien par l'autorité du siège apostolique. Ainsi avaient fait autrefois contre Pélage les Pères de l'Eglise africaine. Mais pour la tenue d'un Concile, soit national, soit universel, que d'obstacles à vaincre en ce moment! En France, le désordre était plus ou moins dans toutes les provinces. La guerre était partout ou presque partout en Europe. Fallait-il attendre des temps plus calmes pour donner une solution aux questions pendantes, alors que la foi de beaucoup était en péril? Depuis le jour où Luther et Calvin avaient commencé à troubler l'Eglise jusqu'à la tenue du Concile de Trente, quarante années environ s'étaient écoulées, et l'hérésie en avait profité pour se répandre. Rien ne démontrait mieux que ce fait la nécessité d'un prompt remède ; et le meilleur, le plus simple et le plus sûr, n'était-il pas de recourir au Pape ? Les Pères du Concile de Trente avaient indiqué eux-mêmes cette voie : l'on n'avait qu'à relire le chapitre dernier de leur dernière session pour s'en convaincre. Ils n'avaient, du reste, sous ce rapport, rien innové. L'usage de s'en rapporter, pour les questions douteuses, au jugement des Pontifes de Rome, remontait déjà bien haut dans l'histoire, et les annales ecclésiastiques étaient là pour attester qu'à toutes les époques, aux époques de troubles surtout, les évêques tant de l'Orient que de l'Occident n'avaient point hésité à le mettre en pratique. Que ne

(1) *Mémoires du clergé de France*, t 1, c. 195. Avec cette différence toutefois que dans les matières de foi manifestement hérétiques, ils ne faisaient qu'appliquer des jugements déjà prononcés par l'Eglise, tandis que, dans les matières douteuses, le jugement rendu par eux n'avait de force que s'il était sanctionné par le Souverain Pontife.

se souvenait-on d'ailleurs de ce qui venait de se passer tout récemment encore dans le royaume ! Quand avait paru l'hérésie des *deux chefs de l'Eglise* (1), qu'avait-on fait ? Il n'y avait eu ni Concile, ni assemblée. Le Saint-Siège avait prononcé seul la condamnation de l'hérésie. En avait-on moins obéi pour cela à sa décision ?

Opposer maintenant au droit indéniable du Pape le droit des évêques, à propos du Jansénisme, cela était malheureux et révélait de regrettables tendances. De quelque façon que leur vînt leur juridiction, qu'ils l'eussent reçue *radicalement* avec le caractère de leur ordre, ou qu'ils la tinssent simplement du Pape (2), ceux-ci n'étaient pourvus pratiquement que d'une juridiction déléguée, et qui résidait fondamentalement dans le Saint-Siège avant de leur appartenir. Le Pontife romain, lui, en sa qualité de vicaire de Jésus-Christ, et en vertu de sa primauté, était vraiment détenteur d'une juridiction universelle ; mais que faisait-on de cette

(1) V. à la page 20 ce que nous disons en note de cette hérésie.

(2) La question de la juridiction des évêques a été longtemps sujette à controverse. Les évêques tiennent-ils cette juridiction immédiatement de J.-C., ou bien la reçoivent-ils du Souverain Pontife ? Les théologiens gallicans étaient presque tous partisans de la juridiction immédiate. Il y a, selon eux, une sorte de juridiction radicale qui est inséparable du caractère, mais qui demeure liée et sans effet jusqu'à ce que le Souverain Pontife, qui a seul le droit d'instituer les évêques, ait déterminé à la fois et le territoire et les sujets sur lesquels cette juridiction devra s'exercer. Cette opinion ainsi formulée est loin d'être inconciliable avec les principes catholiques. Elle a eu néanmoins des contradicteurs autorisés, et dont le sentiment appuyé sur des données plus simples, plus naturelles, semble-t-il, et beaucoup plus conformes à la tradition, a fini par prévaloir. Pour eux, la juridiction et le caractère sont deux choses originairement distinctes. L'ordination rend bien un sujet apte à recevoir la juridiction, mais en réalité il ne la donne pas. Il est mal aisé de se figurer un pouvoir avec lequel, somme toute, on ne peut rien. D'autre part, si la juridiction est une délégation légitime pour exercer un ministère spirituel, qui est ce qui confère la juridiction si ce n'est celui qui délègue ? et, puisque ce n'est pas J.-C. qui assigne le territoire et désigne l'Eglise où chaque évêque

juridiction, si on contestait la légitimité de son initiative dans les décisions doctrinales ? Que devenait le Pape, si ce n'est une sorte de président irresponsable, chargé uniquement d'exécuter les volontés du corps épiscopal, selon la formule de Richer ! Voilà ce qu'oublièrent de se dire, ou ce qu'affectèrent d'oublier quelques évêques ; et c'est ainsi qu'ils se firent les appuis et les complices de la résistance janséniste. Onze d'entre eux (1) écrivirent à Innocent X une lettre fort convenable et fort habile, mais où perçait trop, sous la politesse des termes, la mise en demeure adressée au Pontife de ne se point prononcer sur les cinq propositions, qu'il n'eût employé au préalable « les formes légitimes des »jugements ecclésiastiques.(2). »

Avec un Pontife comme Innocent X une injonction de cette nature était particulièrement déplacée. C'était la sagesse personnifiée que ce vieillard. Ami du calme, de la réflexion, des mesures lentes (et il en avait donné assez de preuves aux Jansénistes, lors du différend soulevé par le livre de la *Fréquente communion*), il pensait que la modération et le temps étaient les meilleurs auxiliaires de la justice. Il avait établi déjà une congrégation particulière pour l'examen des

doit présider, il faut conclure que ce n'est pas immédiatement de lui non plus que les évêques reçoivent leur juridiction En pratique, les théologiens gallicans admettaient, comme les autres, que toute juridiction est une participation des clefs qui n'ont été données qu'à Pierre seul et que toute autorité émane de la plénitude de sa puissance. C'était là le point essentiel.

(1) Louis-Henri de Gondrin, archevêque de Sens ; B. d'Elbène, évêque d'Agen ; Gilbert de Choiseul, évêque de Cominges ; de Lebron, évêque de Valence et de Die ; A. Delbène, évêque d'Orléans ; Bernard, évêque de St-Papoul ; Henri de Salette, évêque de Lescar en Béarn ; Félix, évêque et comte de Chalon ; François Faur, évêque d'Amiens ; Henri Arnauld, évêque d'Angers ; Nicolas de Buzenval, évêque et comte de Beauvais.

(2) *Hist. eccl. du XVIIe siècle*, t. II, p. 178.

propositions qu'on avait soumises à son jugement. Il exigea
de cette congrégation qu'elle reçût toutes les explications
des députés envoyés par chacune des parties, et qu'elle ne
dressât son rapport définitif qu'après que tous les éléments
d'information auraient été épuisés.

Ainsi se trouva engagée auprès du Pape cette malheureuse affaire du Jansénisme dont nous allons suivre à Rome
la procédure, et dans laquelle notre évêque de Lodève, nous
le verrons bientôt, devait jouer un rôle important.

II

Parmi toutes les causes instruites à Rome (et la liste en
est nombreuse depuis qu'il y a eu des hérésies), on en trouverait difficilement une seule où les juges eussent poussé
plus loin que dans le procès intenté au Jansénisme l'absence
de tout parti-pris et la recherche consciencieuse et patiente
de la vérité.

Etudier l'enseignement catholique sur la grâce, revoir les
disputes auxquelles cette partie du dogme avait antérieure-
ment donné lieu, analyser le système de Baïus et le comparer aux doctrines janséniennes, prendre connaissance des
censures portées contre ces dernières par les Universités
d'Allemagne, de Flandre, d'Espagne et de Paris, auxquelles
le Pape, jaloux d'introduire le plus d'éléments possible de
lumière dans le procès, avait écrit par la voie de ses nonces :
tels avaient été la préoccupation principale et le premier
soin de la congrégation instituée par Innocent X.

Cardinaux et consulteurs n'avaient pas mis moins d'un
an à ces travaux préliminaires lorsque, le 1er octobre 1652 (1),
ils entrèrent dans le fond du débat.

(1) *Hist. eccl. du XVIIe siècle*, t. II, p. 221.

Les cinq propositions incriminées de l'*Augustinus* furent examinées par eux, une à une, lentement, minutieusement. Certains consulteurs estimaient qu'on les pouvait expliquer dans un sens orthodoxe ; on leur laissa pleine liberté d'exposer leur manière de voir et d'en développer les motifs.

Réunis tous les mardis chez le cardinal Spada, leur président (1), les conférences qu'ils tinrent à ce sujet ne prirent fin que le 19 janvier (2). Ce jour-là seulement ils se prononcèrent, et leur sentiment se trouva conforme à celui de l'immense majorité de nos évêques.

Aussitôt, l'on avisa les députés des deux parties que leurs observations seraient reçues, s'ils avaient à en fournir. Les catholiques répondirent avec empressement à cet appel. Quant aux Jansénistes, désireux de gagner du temps avant tout, ils récusèrent certains de leurs juges qu'ils accusaient de partialité et demandèrent l'autorisation d'ouvrir, avec leurs adversaires, un colloque où ils présenteraient devant eux la défense de l'évêque d'Ypres. « On les avait envoyés »pour discuter, disaient-ils, non pour exposer simplement »leurs doctrines (3). » C'était un moyen évidemment d'éterniser la querelle et d'écarter indéfiniment une solution menaçante. Les consulteurs ne s'y laissèrent point tromper ;

(1) Le cardinal Spada avait succédé dans cette présidence au cardinal Roma qui mourut avant que la congrégation eût ouvert ses conférences.

(2) *Hist. eccl. du XVIIe siècle, loc. cit.*

(3) *Mémoires du P. Rapin,* t. II. Pour quiconque veut suivre pas à pas la marche du procès Janséniste, les Mémoires du P. Rapin sont on ne peut plus intéressants à consulter. Sainte-Beuve, lui-même, a rendu sur ce point à leur auteur un solennel hommage. « Le P. Rapin, »dit-il, donne des renseignements qu'on ne trouverait pas ailleurs. Il »a copié sur les mémoires du Saint-Office le procès-verbal de ce long »jugement. » Sainte-Beuve, Hist. de Port-Royal, cité par Monseigneur Ricard, dans son histoire des *premiers Jansénistes.*

leurs informations étaient complètes, leur conscience suffisamment éclairée: ils passèrent outre.

L'affaire fut remise entre les mains du Pape.

Innocent X, tout octogénaire qu'il était, avait suivi avec une vigueur de volonté infatigable les débats engagés dans chaque conférence. Il s'était fait remettre, par écrit, tous les avis énoncés dans la congrégation. Il avait pris connaissance des différents mémoires des parties. C'était assez pour son jugement; ce ne fut point assez pour sa prudence.

Il voulait présider lui-même à de nouvelles sessions.

En conséquence, il ordonna aux consulteurs de se réunir désormais au Quirinal.

Sept congrégations furent tenues devant lui, du 10 mars au 7 avril, au cours desquelles il exigea qu'on reproduisît, en abrégé sans doute, mais aussi intégralement que possible, tous les détails des délibérations antérieures; et, pour que les opposants ne fussent point autorisés à se plaindre qu'on ne les avait pas entendus, il consentit à recevoir en audience, le 4 mai d'abord, puis le 19 mai, les députés jansénistes, renforcés cette fois du P. Desmares, un des orateurs les plus en vogue de la secte.

Les députés jansénistes avaient insisté de nouveau auprès du Pape pour obtenir le débat contradictoire que la congrégation leur avait déjà refusé.

A cela le Pape avait répondu : que, pour rendre la paix à l'Eglise, il était de meilleures voies que celle des disputes; que ces disputes n'étaient pas nécessaires pour qu'il pût former son jugement sur des points de doctrine; que d'ailleurs ils n'avaient pas, eux, d'adversaires à combattre, du moment qu'il ne s'agissait que de qualifier des propositions. Il se contenta de leur déclarer qu'il recevrait leurs écrits, s'ils jugeaient utile à leur cause d'en produire.

Ceci s'était passé le 4 mai.

Obligés de se soumettre, ils se décidèrent enfin à s'exécuter. Le 19, ils vinrent présenter au souverain Pontife le fameux *Ecrit à trois colonnes*, accompagné de longs mémoires où il était question surtout de l'autorité du docteur d'Hippone, dont ils accusaient leurs adversaires de renverser la doctrine, en demandant que les cinq propositions fussent condamnées. «Ces propositions, disaient-ils, avaient »été fabriquées et conçues en termes ambigus et équivoques, »afin d'envelopper dans la même condamnation la doctrine »de saint Augustin et le sens de la grâce efficace (1). »

Innocent X, après avoir écouté leur défense, après l'avoir relue même attentivement dans les manuscrits qu'ils lui laissèrent, n'avait plus qu'à tirer de l'ensemble des faits une conclusion. Prolonger l'examen au-delà de ces limites déjà raisonnables n'était plus possible. La mesure de la condescendance pontificale était pleine. La matière du procès d'ailleurs était épuisée. D'une part, au sens des théologiens catholiques, les cinq propositions de l'*Augustinus* reproduisaient des erreurs déjà flétries par l'Eglise. D'autre part, ceux qui les soutenaient et voulaient écarter d'elles la note hérétique admettaient tout au moins qu'elles étaient susceptibles d'une interprétation très fâcheuse. La cause dès lors était jugée. Le sentence s'imposait, et Innocent X n'hésista pas à la prononcer.

Le 31 mai, veille de la Pentecôte, il signa la condamnation pure et simple des propositions jansénistes, dans une bulle qu'il fit expédier aussitôt en France, avec deux brefs dont l'un s'adressait à Louis XIV, et l'autre aux archevêques et évêques du royaume. Quelques jours après, paraissait

(1) V. *Hist. eccl. du XVIIe siècle*, t. II, p. 233.

une déclaration royale qui ordonnait la publication et l'exécution de cette bulle dans tous les diocèses (1).

Alors, malgré les vices du temps et les abus d'un régime antoritaire à l'excès, le chef de l'Etat, il faut bien le reconnaître, aimait à se considérer comme un auxiliaire de l'Eglise, et, plus heureux du titre de roi très chrétien que de ceux qui sont communs aux autres monarques, il avait à cœur de le justifier. Le Jansénisme, du reste, était sorti depuis longtemps des discussions dogmatiques, pour créer sur le terrain politique de sérieux embarras au pouvoir. Il était devenu la religion des mécontents de toutes les classes. Dès lors, en intervenant dans la question religieuse, l'Etat n'accomplissait pas seulement un devoir : il usait du droit rigoureux qu'ont tous les gouvernements de se défendre.

Trente prélats se trouvaient réunis à Paris, au moment où les agents du clergé avaient reçu des mains du nonce la bulle du Pape.

Mazarin, persuadé que dans une affaire de cette importance toute lenteur serait funeste, qu'une action prompte était ce qu'il y avait de mieux pour assurer la paix religieuse, avait convoqué chez lui ces trente prélats.

Ils s'étaient tous rendus au Louvre le 11 juillet.

Là, il avait été arrêté, à l'unanimité des suffrages, qu'on enverrait au Pape, sans trop de délai, l'assurance de la parfaite soumission des évêques, et que, en même temps, on écrirait à chacun d'eux une lettre pour les engager à recevoir et à exécuter la constitution. Puis, comme il fallait, avant tout, ménager les susceptibilités d'une minorité ombrageuse, et qu'il était néanmoins difficile, vu l'impossibilité où l'on était de s'entendre, que quelques évêques ne dépassassent pas

____

(1) *Mém. du clergé*, t. 1, c. 194.

les limites d'une sage prudence par des allusions ou des explications inopportunes, on avait convenu de dresser le formulaire du mandement destiné à porter publication de la bulle. La rédaction de ces diverses pièces avait été confiée à de Marca (1), archevêque nommé, mais non encore préconisé (2), de Toulouse, le plus docte et le plus habile de l'assemblée.

Il semblait, ces mesures prises, que l'on pût se laisser aller à l'espérance. Les députés jansénistes étaient partis de Rome, en protestant de leur obéissance au Saint-Siège. La Faculté de théologie de Paris, dont les décisions doctrinales avaient une portée si considérable dans le royaume, avait pris un arrêté interdisant l'enseignement des propositions que la bulle venait de proscrire (3). Tous les évêques, un petit nombre excepté, avaient adhéré au formulaire et l'avaient publié en tête de la constitution dans leurs diocèses. Tout était donc pour le mieux, lorsque deux lettres pastorales de Louis-Henri de Gondrin, archevêque de Sens, et de Gilbert de Choiseul, évêque de Cominges, étaient venues jeter au sein du clergé de France de nouveaux ferments de discorde.

Certes, les deux prélats déclaraient ne point faire schisme dans l'Eglise et rester unis d'esprit et de cœur au Pontife en qui ils saluaient le chef de tout l'épiscopat. Mais, derrière leur soumission officielle, évidemment forcée, que de réserves et de sous-entendus regrettables. Ils avaient com-

----

(1) V. *Mém. du clergé, loc. cit.*

(2) Rome fit attendre longtemps ses bulles à M. de Marca. Certaines calomnies habilement répandues par les Jansénistes avaient porté leurs fruits. Bosquet devait s'occuper activement de cette affaire en cour de Rome et obtenir du Pape la préconisation de son ami.

(3) V. *Hist. eccl. du XVIIe siècle*, p. 255 et 304.

menté l'acte pontifical, en avaient mesuré à leur point de vue les conséquences, et leurs conclusions étaient bien vite descendues presque au ton aigre-doux d'une critique peu respectueuse. La doctrine de saint Augustin et de saint Thomas ne risquait-elle pas d'être atteinte par la condamnation dont la bulle du pape avait frappé les cinq propositions? N'était-ce pas le triomphe d'un nouveau semi-pélagianisme qu'on préparait? Innocent X n'avait-il pas outrepassé ses droits en publiant une constitution doctrinale sans avoir consulté les évêques dans un Concile? et les quatre-vingt-cinq prélats qui avaient fait abandon de leur juridiction, pour s'en remettre au jugement de Rome, n'avaient-ils pas affaibli et amoindri la dignité de leur ordre?

C'étaient là des déclarations quasi-factieuses.

Les Jansénistes, nous le verrons, les renouvelleront souvent encore et longtemps.

Qu'il y avait loin des sentiments qu'elles révélaient à ceux exprimés par les trente évêques réunis au Louvre, dans leur lettre à Sa Sainteté: « Ce qu'il y a particulièrement de re-»marquable en cette rencontre, disaient-ils, c'est de même »qu'Innocent Ier condamna autrefois l'hérésie de Pélage sur »la relation qui lui fut envoyée par les évêques d'Afrique, »de même Innocent X a condamné maintenant une hérésie »tout à fait opposée à celle de Pélage, sur la consultation que »les évêques de France lui ont présentée. L'Eglise catho-»lique de ce temps-là souscrivit, sans user de remise, à la »condamnation de l'hérésie de Pélage, sur ce seul fonda-»ment, qu'il faut conserver une communion inviolable avec »la chaire de saint Pierre, et que l'autorité souveraine y est »attachée. Car elle savoit bien que les jugements rendus par »les souverains Pontifes pour affirmer la règle de la foi, sur »la consultation des évêques (soit que leur avis y soit inséré »ou qu'il ne le soit pas, comme ils le jugeront plus à

»propos), sont appuyés de l'autorité souveraine que Dieu
»leur a donnée sur toute l'Eglise : de cette autorité à laquelle
»tous les chrétiens sont obligés, par le devoir que leur impose
»leur conscience, de soumettre leur raison. Et cette con-
»noissance ne lui venoit pas seulement de la promesse que
»J.-C. a faite à saint Pierre, mais aussi de ce qu'avoient fait
»les Papes précédents, et des anathèmes que Damase avoit
»fulminés quelque temps auparavant contre Apollinaire et
»contre Macedonins, quoiqu'ils n'eussent pas encore été con-
»damnés par aucun Concile œcuménique. Etant, comme
»nous sommes, dans les mêmes sentiments, et faisant profes-
»sion de la même foi que les fidèles de ces premiers siècles,
»nous prendrons soin de faire publier dans nos Eglises et
»dans nos diocèses, la constitution que Votre Sainteté vient
»de faire, inspirée par le St-Esprit...

» Nous mettrons avec joie cette constitution dans les fastes
»sacrés de l'Eglise, de même qu'on y mettoit anciennement
»les synodes œcuméniques (1)... »

Ainsi pensait alors le clergé de France.

Dans le fond, Henri de Gondrin et Gilbert de Choiseul
n'estimaient pas que la cause eût été jugée par la bulle.
Pour eux, s'ils l'acceptaient, c'était par pure convenance ;
et encore, pouvait-on bien dire qu'ils l'acceptaient, lorsqu'on
les voyait dans leurs lettres faire appel en quelque sorte aux
passions et aux arguties du gallicanisme le moins orthodoxe
pour soutenir le Jansénisme aux abois ?

Le fait était grave. Cependant, en dépit des conseils et
des exemples de Vincent de Paul, des esprits exagérés ou
mal avisés (il y en a toujours, même parmi ceux qui défen-

____

(1) Procès-verbaux des assemblées du Clergé, t. IV, pièces justificatives.

dent les meilleures causes), se disposaient à triompher sans modération de ce qu'ils affectaient d'appeler la déroute des Jansénistes. Leur joie faisait exploison, deux ou trois mois après, en des pamphlets d'un esprit douteux où la charité chrétienne n'était pas moins blessée que le bon goût (1). Aveugles qui ne voyaient point que ces lettres pastorales renfermaient toute une menace, et que les vaincus dont on se moquait n'auraient qu'à traduire un jour dans les faits les réticences des deux évêques, pour montrer qu'ils étaient encore redoutables.

Les évènements, du reste, ne le devaient prouver que trop aux moins clairvoyants. L'hérésie jansénienne, surprise un instant, mais non désarmée, allait continuer sa trame et remplir tout un siècle du bruit de ses luttes contre l'Eglise.

Les mandements de Gondrin et de Choiseul, celui de l'archevêque de Sens surtout (2), avaient produit à Rome une impression très pénible. Le Pape s'en était montré particulièrement affecté. Il ne pouvait laisser mettre en cause sa juridiction universelle, ni souffrir que l'on identifiât les propositions condamnées de Jansénius avec la doctrine de saint Augustin. En conséquence, il avait écrit au nonce à

---

(1) Citons l'*Almanach de la déroute des Jansénistes* par Adrien Gambert, confesseur de la visitation du quartier Saint-Jacques et *l'Etrille du Pégase Janséniste*, par le P. Lemoyne.

« Il faut avouer, dit à propos de ces livres le P. Rapin, qui n'est »pas suspect, il faut avouer qu'il y avait peu de vestiges de cette cha- »rité qui est le caractère essentiel du chrétien et que ce n'est pas par »ces voies là qu'on publie l'évangile ni qu'on le défend.» *Mém.*, t. xi, p. 195, cité par Mgr. Ricard, dans son livre sur les *Premiers Jansénistes.*

(2) L'ordonnance de M. de Sens avait paru la première. La contradiction y était plus accentuée; d'autre part, le siège de l'archevêque était plus important, on pouvait donc le considérer comme le chef de l'opposition. On s'adressa en effet à lui particulièrement et nous verrons dans toute la suite de cette étude que ce fut lui principalement qui fut pris à parti par la Cour de Rome.

Paris une lettre dans laquelle il lui enjoignait de nommer quelques évêques, parmi les plus conciliants et les plus instruits, pour connaître de cette affaire.

Les évêques désignés s'étaient constitués aussitôt en commission sous la présidence de Mazarin, et ils avaient convenu que la voie des accommodements étant de toutes la meilleure et la plus sage, Pierre de Marca, dont le grand renom et la liaison avec l'archevêque de Sens offraient plus de garanties de succès, s'efforcerait d'obtenir de celui-ci une rétractation qui, tout en ménageant son amour-propre, donnerait néanmoins au Pape une satisfaction suffisante.

Or, en même temps que l'on travaillerait en France à ramener les dissidents, il importait que l'épiscopat eût son représentant attitré au Quirinal. Des complications pouvaient surgir. Les évêques auraient besoin dans ce cas de ce concerter avec le Saint-Siège en vue d'une action commune. C'est alors que le cardinal Mazarin qui avait hâte d'obtenir de la curie romaine et du gouvernement pontifical la solution de certaines questions auxquelles l'Etat, non moins que la religion, était intéressé, et qui venait, sur le conseil du chancelier Seguier, d'envoyer Bosquet à Rome en mission extraordinaire, exprima l'avis que notre évêque fût chargé par la même occasion de porter au Pape le témoignage de la fidélité du clergé de France et de lui remettre, au nom de l'épiscopat, la lettre d'acceptation de la bulle qui n'avait pas encore été adressée au Saint-Siège.

CHAPITRE II.

Bosquet en mission à Rome. — Innocent X et les cinq propositions de Jansénius.

SOMMAIRE. — Difficulté de la mission de Bosquet. — Son premier entretien avec le Pape. — Déclaration insuffisante de M. de Gondrin. — Joie qu'en ressentent les Jansénistes. — Lettre de Bosquet à de Marca. — Pensée du Saint-Père relativement à saint Augustin et à la juridiction doctrinale des évêques — Les tentatives de de Marca auprès de l'Archevêque de Sens demeurent encore sans résultat. — Les Evêques présents à Paris chez Mazarin. — Rapport de Georges d'Aubusson. — Protestation de l'Archevêque de Sens et de quatre autres prélats. — Esprit de conciliation de Bosquet, dévoué et zélé défenseur de l'enseignement de l'Eglise, mais également soucieux de la dignité des évêques. — Les tempéraments qu'il préconise rendus inapplicables par l'obstination de M. de Gondrin. — Nouvelle tactique des Jansénistes. — Bosquet remet à Innocent X la lettre des évêques de France. — Longue conversation avec le Pape — L'Archevêque de Sens et les autres évêques réfractaires écrivent à Rome pour expliquer leur conduite. — Mécontentement de de Marca. — Son avis sur les mesures à prendre. — Caractère du rôle de Bosquet au Quirinal. — Estime que le Pape a pour lui. — Son influence. — Les évêques à Paris attendent impatiemment un bref approbateur de Sa Sainteté. — Raison qu'a Celle-ci de différer la remise du bref. — Bosquet l'obtient enfin et l'apporte en France.

On a dit que Mazarin se connaissait en hommes. Ce sera la gloire de Bosquet d'avoir, dans des circonstances aussi graves, mérité de fixer le choix du ministre, en même temps que les suffrages de ses collègues.

La mission qu'on lui confiait était délicate. Un prélat de mérite ordinaire n'eût pas suffi pour la bien remplir.

Ce qu'il fallait, pour cette mission, c'était un théologien et un canoniste capable de figurer à Rome avec quelque honneur, d'une orthodoxie assez notoire pour inspirer au Pape toute confiance, et néanmoins assez attaché à la discipline gallicane pour oser la défendre à l'occasion, dans la mesure où elle ne pouvait blesser ni les droits ni l'autorité du Saint-Siège; un homme habitué à la conduite des affaires, d'esprit rassis et de tout repos, et réputé assez conciliant, pour que ses adversaires eux-mêmes lui rendissent hommage et acceptâssent volontiers son intervention.

Cet ensemble de qualités, le cardinal estimait l'avoir rencontré dans l'évêque de Lodève.

Il ne se trompait pas; tel était Bosquet, en effet.

Celui-ci était fixé sur la ligne de conduite qu'il devait tenir au Quirinal. Il allait trouver Innocent X profondément blessé par l'attitude que les prélats dissidents avaient prise, et disposé peut-être, sa modération n'ayant pas eu tout le succès qu'il en attendait, à user des moyens de rigueur.

Or, les mesures extrêmes répugnaient singulièrement à sa nature. Mieux valait, selon lui, persuader à Sa Sainteté qu'elle ne devait voir aucune hostilité proprement dite dans le procédé de MM. de Sens et de Cominges; que leurs mandements étaient plutôt le résultat d'un malentendu, lequel apparemment durerait peu.

En cela, il y avait bien de sa part un peu d'illusion; mais l'illusion à ce moment était permise.

Bosquet eut audience du Souverain Pontife, le 2 janvier 1654 (1). En lui remettant la lettre des évêques, son premier soin fut de faire ressortir, en termes aussi chaleureux que possible, de quel esprit d'union tout l'épiscopat français était animé. Pas un de ses membres qui ne fût strictement résolu à accueillir avec la plus entière soumission les décisions du Saint-Siège. MM. de Sens et de Cominges avaient bien paru, il est vrai, jeter une note discordante dans ce concert; mais ils ne tarderaient pas à se rallier au sentiment général, dès qu'ils auraient appris de source plus sûre

____

(1) Hist. Eccl. du XVIIe siècle, t. 11, p. 310.

qu'Innocent X, en condamnant les cinq propositions, n'avait nullement prétendu toucher à la doctrine de saint Augustin. Au fond, toute la querelle soulevée par eux venait de là.

Sur cette observation de Bosquet, le souverain Pontife s'était récrié. Comment avait-on pu méconnaître ses sentiments à ce point, alors qu'il avait déclaré, à plusieurs reprises, aux députés jansénistes près de quitter Rome, que saint Augustin était absolument hors de cause, et qu'on ne devait, en aucune manière, le considérer comme atteint par les conclusions de la bulle (1) ?

Néanmoins, les renseignements fournis par Bosquet l'avaient complètement rasséréné, et ce fut le plus cordialement du monde qu'il le chargea de transmettre aux évêques de France, avec ses félicitations pour leur attitude si correcte, la nouvelle assurance qu'il n'y avait rien de commun dans sa pensée entre les propositions récemment flétries et l'enseignement du docteur d'Hippone (2).

Cependant de Marca s'occupait consciencieusement et activement à Paris du rôle d'intermédiaire qui lui avait été confié par la commission. Il avait fait remettre à l'archevêque de Sens un mémoire où étaient relevés les endroits de son mandement qui pouvaient avoir offensé plus particulièrement Innocent X. Depuis, il avait mis en œuvre tous les moyens de persuasion pour l'amener à écrire au Pape une lettre dans laquelle il reconnaîtrait franchement ses torts et en demanderait pardon à Sa Sainteté ; mais Gondrin estimait qu'une telle démarche coûterait beaucoup trop à son amour-

(1) Hist. Eccl. du XVIIme siècle, t. II, p. 310.
(2) Tous les détails que nous donnons ici ressortent de la correspondance de Bosquet avec de Marca que nous publions ci-après.

propre. Ne pouvant s'y résoudre, il se contenta de dresser, à la date du 25 janvier, la déclaration suivante :

« L'archevêque de Sens est prêt à déclarer qu'il n'a point
»eu dessein, dans la publication qu'il a faite de la constitution
»du Pape, de manquer au respect qui est dû au Saint-Siège et
»à notre Saint-Père, ni de s'écarter en aucune sorte de la cen-
»sure des cinq propositions que sa Sainteté a condam-
»nées, et qu'il est prêt à lui rendre raison de ce qu'il a écrit
»sur ce sujet et à lui faire connaître que le sens et les termes
»en sont catholiques, lorsqu'elle aura marqué en détail et
»en particulier les choses qu'on voudroit faire croire être
»dignes de censures ; et au cas que le sens qu'il montrera
»avoir eu en écrivant, et qui est exprimé par ses paroles, ne
»se trouveroit pas catholique, il est prêt à en souscrire la
»condamnation (1). »

Cet acte était évidemment insuffisant. Henri de Gondrin n'avouait rien, ne réparait rien surtout. S'il devait se soumettre, il ne se soumettrait que plus tard. Pour le moment, il laissait subsister dans sa lettre pastorale les observations inconvenantes que ces collègues étaient les premiers à lui reprocher et dont ils lui conseillaient la rétractation. C'était faire preuve de beaucoup de ténacité pour un évêque, et montrer bien peu de désir d'en arriver à l'accommodement que tous estimaient si nécessaire à la paix de l'Eglise.

Les Jansénistes triomphaient. Cette attitude de l'archevêque de Sens servait merveilleusement leur tactique. S'ils n'avaient pu moins faire que d'accepter la bulle, rien ne leur était meilleur que de voir un prince de l'Eglise, un archevêque, en infirmer l'autorité. Que le Pape eût donné aux propositions soumises à son jugement une interprétation hérétique, et qu'il les eût condamnées de ce chef, c'était son

(1) Hist. Eccl. du XVIIᵉ siècle, t. 11, p. 307.

droit. Sous ce rapport, ils étaient entièrement de l'avis du Saint-Siège, et souscrivaient des deux mains aux décisions pontificales. Mais l'interprétation hérétique n'était pas la seule que les propositions condamnées fussent susceptibles de recevoir. On les pouvait entendre au sens de la doctrine de saint Augustin, laquelle n'avait jamais passé pour condamnable. La bulle avait donc ce premier tort, de ne pas distinguer assez ces deux faits, et, par des conclusions trop générales, de paraître envelopper dans la même réprobation et un enseignement vraiment erroné et celui que l'Eglise avait approuvé et recommandé dans plusieurs Conciles. Elle en avait encore un second à leurs yeux. Elle constituait pour les droits des évêques une menace. N'était-il pas à craindre, en effet, que l'autorité pontificale absorbant peu à peu celle des évêques, ceux-ci ne finissent bientôt par déchoir de leur dignité jusqu'à perdre la qualité de juges dont J.-C. les avait investis ?

Voilà ce qu'ils disaient tout haut, et l'on peut penser s'ils étaient heureux qu'un prélat de grand nom, et titulaire d'un grand siège, eût osé écrire ces choses, et, après les avoir écrites, qu'il ne se fût point soumis à les effacer.

Bosquet, dès son arrivée à Rome, s'était occupé, nous l'avons vu, à réduire à néant le premier de ces deux griefs. Quant au second, il lui paraissait empreint d'une susceptibilité mal placée, et qui ne tiendrait pas devant un examen plus sérieux et plus approfondi des vraies traditions ecclésiastisques.

Il y avait là, d'ailleurs, un malentendu dont il regrettait à bon droit de n'avoir pas été informé plus tôt.

Le pape se montrait de composition si douce, qu'il eût été facile de l'amener à toutes concessions non incompatibles avec sa dignité, pour arracher M. de Sens et les quelques évêques dont il s'était fait l'interprête dans son mandement, aux coupables intrigues que leur nom servait malheureusement à couvrir. Mais Bosquet n'apprit ce qui se passait en France que par une lettre de l'archevêque de Toulouse, et seulement lorsque les conférences engagées avec Henri de Gondrin avaient abouti au piètre résultat que l'on sait.

«J'eus hier une audience du Pape de près de trois heures, »écrivait-il à la date du 16 février à de Marca. Elle feut d'une »conversation familière dans laquelle... je fis valoir à Sa Sain- »teté toute vostre conduite à l'égard des Jansénistes, et je vou- »drois avoir le loisir de vous escrire au long tout l'entretien. »Je suis marry que MM. vos collègues ne prennent la voye »d'accommodement. Il sera facile de l'obtenir du Pape, car, »pour le premier point, Sa Sainteté m'advoue que son inten- »tion n'avoit esté ni ne seroit jamais de condamner la doc- »trine de saint Augustin qu'il recevoit avec tous ses prédé- »cesseurs, et pour le second qui est de la juridiction es cau- »ses de la foy, je lui proposai le tempérament de dire que »vous *scavez juger s'il y a choses nouvelles et douteuses rela- »tives au Saint-Siège et (ou) jugement de choses déjà décidées »par les cañons ou décrétales* (1): ce que je lui déduisis

(1) Nous avons souligné ce passage à peu près illisible dans le M S et dont nous ne pouvons garantir la parfaite exactitude. Il est possible de l'expliquer toutefois, en le rapprochant d'une phrase que nous rencontrerons plus tard dans une autre lettre de Bosquet à de Marca. Le Pape, dira Bosquet à son correspondant, n'a nullement l'intention de contester la juridiction aux évêques *in articulis decisis, non novis nec dubiis. In articulis decisis*, les évêques n'ont pas besoin de recou- rir au Pape, Rome ayant déjà prononcé son jugement sur ces matières. *In novis vel dubiis*, l'interprétation du Saint-Siège est nécessaire pour qu'il y ait jugement définitif et sans appel. Telle a été la pratique constante de l'Eglise. Les évêques cependant, quand des disputes s'élè- vent sur des points de doctrine, peuvent examiner et juger s'ils se trouvent en présence, ou bien de questions déjà décidées par les canons et les décrétales, ou bien de questions nouvelles et douteuses pour la décision desquelles ils doivent s'en remettre au jugement du siège apostolique. Et c'est, croyons-nous, ce qu'a voulu écrire Bosquet.

»assez longuement par les maximes du droit ancien et des
»décrétales, et ce que Sa Sainteté trouva fort bon.

»Si j'eusse reçu le procès-verbal que vous m'avez escrit
»avoir dressé, je l'eusse présenté à Sa Sainteté, comme je
»ferai une copie de vostre lettre que je mettrai en italien.
»Au reste, je vous dirai confidemment, Monseigneur, que
»j'ay juste raison de me plaindre de MM. vos agents qu'ils
»ne m'aient donné aucune part de ces affaires. J'eusse peu
»accommoder tout cela et leur en escrire les moyens pour y
»parvenir avec honneur pour le clergé de France et injure
»pour ceux de qui l'on se plaint. Vous pouvez faire voir ma
»lettre à Son Em. et à ceux que vous jugerez à propos. L'on
»peut oster tout prétexte à ceux qui se plaignent. Le Pape
»n'a pas eu l'intention de toucher à la doctrine de saint
»Augustin. Sa Sainteté me l'a dit et m'a donné la raison pour
»quoy il ne l'avait point déclaré dans sa constitution, laquelle
»y a fort indirect (*sic*) (1), de crainte de donner occasion
»aux ennemis de la foy du Saint-Siège de caviller et contester
»que les propositions condamnées estoient de saint Augustin ;
»ce qui eût esté réduire la chose en question *facti*, comme
»j'ay dit à Sa Sainteté, ce qu'elle m'a accordé, et elle a
»adjousté que par la mesme prudence elle s'estoit servie de
»ces mots *cum occasione editionis libri Jansenii*. De là vous
»pouvez juger les vrais sentiments du Pape et que l'on vous

(1) Saint Augustin n'était pas en cause. C'est ce qui ressortait, *par
une conclusion indirecte*, des termes même de la constitution d'Innocent X. Le Pape s'était refusé à en faire une déclaration plus explicite.
Les Jansénistes, en effet, pour échapper à toute condamnation, ne
manqueraient point de soutenir l'identité de leur doctrine avec celle du
grand docteur africain. La question de *droit* se trouverait transformée
dès lors en question de *fait*. Cette substitution donnerait lieu nécessairement à de nouvelles disputes. Elle entretiendrait dans l'Eglise l'agita-
tion la plus funeste, en même temps qu'elle engagerait le procès pendant dans d'interminables longueurs La pensée d'Innocent X était
très sage. Les évènements l'ont bien prouvé.

»fait croire de delà beaucoup de choses qui ne sont pas. Je
»vous dis les mesmes mots de Sa Sainteté et vous n'en devez
»point doubter.

»Tenons-nous, Monseigneur, à l'anathème des proposi-
»tions. Condamnons-les avec le Saint-Siège, et n'allons pas
»plus avant toucher ni à la sainteté de ceux que l'Eglise a
»toujours vénérés, ni à la mémoire d'un homme qui, *quel*
»*qu'il soit devant Dieu* (1), est mort dans la communion de
»l'Eglise. Eloignons-nous de la faction qui s'élève et conser-
»vons l'unité. Instruisons nos collègues avec douceur et dis-
»crétion, afin que nous ayons un mesme cœur et une mesme
»lesvre. Aydons-les à se reconoistre et à se réunir au chef
»et à la source de nostre épiscopat. C'est une œuvre digne de
»vostre zèle et de vostre science (2)... »

Conseils d'une belle âme! et comme les dernières lignes
de cette lettre manifestent bien l'aimable et conciliant caractère de notre évêque!

A vrai dire, ce n'était pas uniquement sa pensée que Bosquet exprimait en des termes aussi éloquents. Il était surtout
l'écho de Rome, et il nous est bon de prouver ici, pièces en
mains, à ceux qui, n'ayant étudié la question jansénienne
qu'à la surface et avec une dose de parti-pris, se sont cru
en droit de formuler à l'adresse de l'Eglise le reproche
d'intolérance, que l'Eglise, dans ses représentants autorisés,
ne se montra avare ni de modération ni d'égards vis-à-vis
de contradicteurs dont elle n'avait que trop de raisons,
hélas! de soupçonner la mauvaise foi.

(1) Ces mots sembleraient bien indiquer que Bosquet n'avait pas
une confiance très grande en la bonne foi de Jansénius.
(2) Biblioth. nat. MSS. FR. fonds Baluze 121, fol. 78, autographe.

Le souverain Pontife tenait, en principe, à ce qu'on écartât du débat toute personnalité trop directe. A l'endroit de Jansénius notamment, il avait fait preuve d'une discrétion singulière. Même avec la persuasion que les cinq propositions condamnées étaient la substance de l'*Augustinus*, l'*Augustinus* ne figurait dans la bulle que comme cause occasionnelle du différend dogmatique sur lequel il avait à se prononcer (1). Quant à l'auteur, il l'avait laissé à la paix de sa tombe, et il n'estimait pas que, dans l'état présent de la question, on eût intérêt à l'évoquer de ses cendres pour le juger, au risque d'introduire un nouvel élément d'irritation dans la querelle. Que ceux qui avaient cru être bien fondés à soutenir les propositions renonçassent à y voir les deux sens qui n'y étaient pas, et la doctrine de saint Augustin qui n'avait avec elles rien de commun, c'était l'essentiel. Il n'y avait pas à aller plus avant, et mieux valait fermer les yeux sur tout le reste. Ainsi pensait Innocent X, et ce ne fut vraiment point sa faute, si les évènements en France prirent une telle allure que la ligne de conduite adoptée et conseillée par lui n'y pût être mise longtemps en pratique sans un grand dommage pour la vérité.

L'archevêque de Toulouse ne s'était point senti découragé par l'insuccès de ses premières démarches auprès de M. de Gondrin. Il était revenu à la charge, assisté cette fois de deux de ses collègues (2) ; et il avait si bien démontré à M. de Sens la justesse des réclamations auxquelles son dernier mandement avait donné lieu, l'Eglise de France n'ayant jamais adopté des théories aussi rigoureusement restrictives

(1) La bulle, on le sait, commençait par ces mots : *Cum occasione editionis libri Cornelii Jansenii.*
(2) Les évêques de Montauban et de Rennes.

que les siennes de l'autorité pontificale, que Gondrin, se rendant enfin à ses instances, lui avait promis d'écrire à Innocent X une lettre d'excuses. Par malheur, sur ces entrefaites, le bruit était arrivé aux oreilles de Marca et des autres évêques entremetteurs que les Jansénistes se disposaient à tirer avantage de la soumission même de M. de Sens, et par la façon dont ils ne craignaient pas de l'interprêter, qu'on était bien loin encore d'une solution. « La bulle du Pape laissait intacte l'autorité de saint Augustin, disaient-ils ; l'on en prenait bonne note. Mais alors Jansénius qui n'avait fait que reproduire dans l'*Aug ustinus* l'enseignement du grand docteur était également hors de cause ; les propositions condamnées n'étaient pas de lui. De telles conclusions étaient inacceptables. On ne pouvait laisser infirmer la constitution pontificale par un tel système de défense, où l'obstination le disputait à la plus évidente duplicité. Qu'Innocent X eût ménagé la personne de l'évêque d'Ypres, la soumission vaille que vaille, mais extérieurement suffisante de celui-ci au jugement du Saint-Siège, l'amour du bien de la paix expliquaient chez le Pape cette réserve. Quant à voir dans cette réserve même une sorte de blanc-seing délivré à la doctrine de Jansénius, c'était ce qu'il y avait de plus contraire à la vérité, et les partisans de l'*Augustinus* ne pouvaient se faire sous ce rapport aucune illusion.

Il importait donc d'enlever tout caractère d'incertitude à la soumission de M. de Gondrin. Ce dernier devait à l'Eglise, il se devait à lui-même, de donner un démenti public à ceux qui le compromettaient. Aussi, n'hésita-t-on pas à le prier de déclarer, au cours de sa rétractation, qu'il reconnaissait avec tous les évêques que les propositions avaient été censurées au sens de l'*Augustinus*.

Malheureusement, les espérances formulées tout haut à son sujet par les Jansénistes n'étaient que trop fondées. Il n'ac-

cepta pas d'insérer dans sa lettre une déclaration aussi explicite, et les tentatives d'accommodement, quelques instances
que l'on fît, demeurèrent une fois de plus sans résultat.

Le 20 février 1654, de Marca écrivait à Bosquet :

« Depuis le dernier ordinaire, M. de Sens a fait la rup-
» ture entière de nostre conférence, à cause des addictions
» dont je vous ai fait mention en ma précédente. Il se plaint
» hautement que nous lui avons manqué de parole. Il confère
» publiquement avec les Jansénistes. Il a fait proposer à S. E.
» que si elle vouloit écouter ses ouvertures, elle auroit la
» gloire de donner le repos à l'Eglise. L'abbé de Bourzeis a
» fait quatre ou cinq articles pour l'accommodement qui sous
» prétexte d'enseigner la doctrine thomistique sont remplis
» d'équivoques. M. d'Andilly est venu au Port-Royal de cette
» ville pour presser cet accommodement d'ambiguité. Les
» évêques sont résolus de s'opposer à ces nouveautez et de
» rétablir l'autorité de la bulle dans une assemblée que nous
» devons tenir en présence de S. E. Vous scaurez tout le détail
» par le prochain ordinaire (1). »

Mazarin, en effet, décidé à en finir au plus vite avec les
divisions occasionnées par l'interprétation de la bulle, avait
prié un des agents du clergé, l'abbé de Marmiesse, de con-
voquer au Louvre, pour le 9 mars, tous les évêques présents
à Paris.

Ceux-ci, au nombre de trente-huit, s'empressèrent de répondre à l'invitation du cardinal. Parmi eux se trouvaient
l'archevêque de Sens et ceux de ces collègues qui s'étaient
rangés à son opinion.

Le Jansénisme n'aurait donc pas à se plaindre. Il aurait
ses représentants les plus en vue dans l'assemblée, et aucune

(1) Bibliothèque nationale MSS FR. fonds Baluze 121, fol. 6.

décision ne serait prise qu'on n'eût entendu et apprécié les observations de ses patrons.

L'abbé de Marmiesse, prenant la parole au début de la séance, représenta « que la constitution contre les cinq pro»positions avoit été reçue par l'assemblée des prélats à »Paris, le 15 du mois de juillet dernier, et qu'elle avoit été »publiée en tous les diocèses ; néantmoins que par divers »écrits qui avoient été imprimez en cette ville et ailleurs, »on formoit des difficultez pour en éluder l'exécution, pré»tendant qu'il y avoit un double sens dans les propositions »condamnées, dont l'un étoit hérétique et l'autre catholique ; »et d'autant que l'exécution de la constitution étoit commise »à Messeigneurs les prélats, que ce seroit une action digne »de leur soin, nécessaire pour l'instruction des faibles, et »très agréable à Sa Sainteté, de déclarer avec l'autorité de »cette assemblée la vraie intention de la constitution, afin »qu'en l'exécutant, tous parlassent un même langage (1). »

A quoi son Eminence ajouta « que l'on avoit voulu per»suader à Sa Sainteté qu'il y avoit quelque différence entre »nosseigneurs les prélats; que dès lors il étoit à désirer »que l'on trouvât les moïens de bien établir l'uniformité »entre eux dans les sentiments et dans les paroles, confor»mément aux décisions faites par la constitution. C'est pour»quoi il jugeoit qu'il étoit à propos que l'assemblée nommât »des commissaires pour considérer les diverses interpréta»tions et autres évasions que l'on a inventées, afin de rendre »inutile la constitution, avec pouvoir de rechercher les moïens »propres pour son exécution sincère, et de former un avis »duquel ils feroient rapport à la prochaine assemblée, ce »qui fut approuvé par le consentement de tous, et avec leur »participation. Son Eminence nomma pour commissaires

(1) Procès-verbaux des assemblées du clergé, t. IV.

— 53 —

»Messeigneurs les évêques d'Autun, de Montauban, de Ren-
»nes et de Chartres (1). »

Les commissaires s'assemblèrent le 10, chez l'archevêque
de Tours, avec les agents du clergé, et y tinrent six séances
jusqu'au 17. Là, ils soumirent à un examen scrupuleusement
détaillé divers mémoires émanant tant des défenseurs que
des adversaires de Jansénius. Puis, ils les renvoyèrent aux
autres prélats qui ne faisaient point partie de la commission,
pour qu'ils prissent connaissance, à leur tour, de toutes les
raisons pour ou contre apportées dans le débat, et qu'ils
formâssent d'après elles leur jugement. Quant à eux, ils
avaient tiré leurs conclusions ; ils prièrent l'archevêque
d'Embrun, Georges d'Aubusson, d'en faire un rapport.

Ce rapport fermait au Jansénisme toutes les issues. Malgré
l'avis contraire de l'évêque d'Autun qui eût voulu qu'on
s'en tînt au termes de la bulle, sans y rien ajouter, Georges
d'Aubusson y développait la thèse suivante : toute la question
étant de savoir si les cinq propositions condamnées par
Innocent X comme hérétiques sont réellement de Jansénius,
et si elles ont été taxées d'hérésie au sens de cet évêque, il
est sûr : 1° que Jansénius en est l'auteur, et 2° qu'elles ont
été condamnées au sens qu'il y a lui-même attaché (2).

La lecture de ce rapport en assemblée générale ne fut
pas entendue, sans soulever du côté des dissidents les protestations les plus vives. M. de Gondrin et avec lui Louis de
Ventadour, archevêque de Bourges, Jacques de Lebron,
évêque de Valence et de Die, de Choiseul, évêque de Cominges, de Buzanval, évêque de Beauvais, déclarèrent
ne se rallier point à l'avis de la Commission ; que l'on
n'avait donné à celle-ci aucun pouvoir d'examiner le livre

(1) Procès-Verbaux des assemblées du clergé, t. iv.
(2) Procès-verbaux, *loc. cit.*

de Jansénius, ni de préciser en quel sens les cinq propositions avaient été condamnées par le Pape ; qu'ils étaient disposés d'ailleurs à en souscrire la condamnation, pourvu qu'on s'abstînt de les attribuer à l'évêque d'Ypres. M. de Choiseul alla plus loin encore. Il soutint que la bulle était conçue en termes malheureusement équivoques, que saint Augustin et saint Thomas pouvaient paraître à plusieurs atteints au moins indirectement par elle, et qu'il y avait lieu par conséquent de demander à Innocent X une délibération qui défendît de tout soupçon d'hérésie l'enseignement de ces deux pères de l'Eglise.

Ce point du débat était cependant suffisamment résolu à Rome : l'évêque de Lodève s'était appliqué à l'éclaircir. Il avait rendu la réponse du Souverain Pontife, et s'il s'en était trouvé quelques-uns parmi les évêques bien pensants, pour partager de bonne foi les craintes exprimées par les Jansénistes, ils s'en étaient tenus depuis à ce mot de sa lettre à l'archevêque de Toulouse : «Vous pouvez juger les vrais »sentiments du Pape, et que l'on vous fait croire de delà »beaucoup de choses qui ne sont point (1).» Insister autant après cela, c'était dépasser les bornes les plus reculées de l'exigence, et bien mal répondre, en vérité, aux procédés généreux de Bosquet, qui, tout en s'efforçant de couvrir de sa charité auprès du Pape les prélats de l'opposition, ne cessait d'intervenir en leur faveur, dans sa correspondance avec de Marca, pour qu'on s'arrêtât aux conditions d'accommodement les moins fâcheuses pour leur amour-propre.

En effet, la nouvelle de la rupture de M. de Sens n'avait point réussi à modifier les dispositions toutes pacifiques de notre évêque. Eloigné du théâtre de la lutte, ne se fiant qu'à

____

(1) V. Sa lettre du 16 février à de Marca.

demi aux rapports qui lui étaient envoyés de France et où il ne se dissimulait point qu'il pouvait bien entrer un peu de passion; incliné d'ailleurs par sa bonne et douce nature à juger mieux des hommes que leurs actes ne semblaient parfois l'y autoriser (les hommes, le plus souvent, n'ayant pas de pires calomniateurs d'eux-mêmes que leur amour-propre et leur violence), il pensait, au sujet de Gondrin et des autres opposants, que, pour avoir été poussés à quelque extrémité par la chaleur de la discussion, ils n'en gardaient pas moins dans leur fond des qualités sérieuses appréciables, et dont on avait l'obligation de tenir compte. On devait avoir égard à leur caractère, et avant de médire de leurs intentions, il fallait y regarder à bien des reprises. Selon lui, on s'était peut-être trop hâté de jeter le nom de Jansénius dans le débat. Mieux eût valu le laisser dans l'ombre, s'il était vrai qu'on fût tombé d'accord sur d'autres points essentiels.

De tels tempéraments n'étaient pas précisément du goût de l'archevêque de Toulouse. Mieux placé que Bosquet pour voir les dessous des choses, il estimait qu'une précision rigoureuse s'imposait d'une façon absolue dans cette affaire, si l'on voulait enlever toute porte de sortie à l'erreur, et la priver de tous moyens de nuire à l'Eglise. La duplicité des Jansénistes d'ailleurs le révoltait, et il avait dit sous ce rapport toute sa pensée à son ami : «Si vous saviez leur malice, »lui écrivait-il, vous ne seriez point de l'advis que vous avez »insinué dans une lettre, qui est de ne parler point de Jan- »sénius (1).»

Dans ce petit conflit où était en jeu, non une différence de principes, mais une simple différence de tactique, la charité sans doute était pour Bosquet ; mais de Marca avait de son

(1) Bibliothèque Nationale, M. 55. Fr. Fonds Baluze 121, fol. 13.

côté plus de clairvoyance, et Bosquet ne devait pas tarder lui-même à en convenir. Nous le verrons bientôt, sa conviction une fois établie sur la nécessité qu'il y avait d'affirmer hautement et malgré tout l'existence dans l'*Augustinus* des propositions condamnées, se faire auprès du Pape l'interprète du sentiment des évêques, et lui démontrer, avec une précision remarquable, la légitimité et l'opportunité de leur décision.

Mais, pour le moment, il n'en avait pas moins continué à plaider en faveur des procédés de conciliation, dans toute la mesure où ils pouvaient être applicables, sans aucun préjudice pour la vérité.

Attaché de tout cœur à l'Eglise et à son chef, respectueux de leurs droits et absolument décidé à les défendre, mais également soucieux de la dignité des évêques, s'il voulait ces derniers soumis au Pape, il entendait conserver à leur soumission un caractère de grandeur, qui laissât indemne leur majesté de pontifes. Ils avaient, à coup sûr, le devoir strict d'obéir; nul n'était autorisé à les humilier.

Il écrivait le 19 mars à de Marca :

«Je ferai valoir les soins que vous avez pris dans l'affaire »de M. de Sens.. Tous les juges icy se disposent à bien rece- »voir les soubmissions des prélats, et c'est à vous autres, »Messeigneurs, à les ménager en telle façon que le Saint- »Siège y trouve son autorité tout entière et que le cha- »ractère épiscopal ne soit pas avilly. Au fond, l'on ne pré- »tend icy que les choses justes. Saint Augustin n'a jamais »dict les conclusions condamnées, et Sa Sainteté n'a pas »prétendu toucher à la doctrine de saint Augustin. Elle »n'en baillera pas pourtant la déclaration pour les raisons »que j'ay dictes et que je vous ay escrites, et pour la juri- »diction, le Pape ne prétend pas nous dépouiller de la juri- »diction *in articulis decisis, non novis nec dubiis*. Là dessus

»vous pouvez travailler et disposer tellement votre conduite
»et vos lettres, qu'elles soient glorieuses au Saint-Siège et à
»nostre Collège...... (1) »

Il semble bien que les tempéraments préconisés par Bosquet eurent quelque chance un instant de prévaloir.

C'était au cours de la discussion dont nous donnions
tout à l'heure une esquisse, et à la suite des déclarations si
pleines de regrettables réserves de M. de Sens. Quelques-
un des membres de l'Assemblée ayant demandé s'il n'y avait
pas lieu, pour rendre l'union plus facile, de faire abstraction
de Jansénius et de s'en tenir à la condamnation pure et
simple des propositions (2), on décida qu'on délibérerait
sur cette demande. Moins de morgue et une plus grande
retenue de la part de Gondrin, et peut-être arrivait-on à
s'entendre.

Par malheur, il n'en fut pas ainsi.

Les évêques se réunirent au Louvre, le 28 mars, en vue
de prendre une décision sur la mise en cause de Jansénius.
Les esprits étaient assez disposés à la conciliation ; un discours de M. de Sens gâta tout. Il mit à louer l'*Augustinus*
avec tant d'exagération et de chaleur, que les évêques ne
purent moins faire que de se récrier.

S'il ne se fût agi pour eux que de se prononcer sur une
question d'opportunité, ils auraient pu encore se montrer
coulants. Sur une question de fait, ils ne pouvaient l'être
qu'à la condition de manquer à tous leurs devoirs.

Le débat était désormais engagé sur un terrain précis.
Oui ou non, Jansénius était-il l'auteur des propositions
condamnées? M. de Gondrin et ses amis affirmaient que

(1) Bibliothèque Nationale, M. SS. fr. fonds Baluze, 121, fol. 83.
(2) Procès-verbaux des Assemblées du Clergé, t. IV.

non ; l'Assemblée, dans la majorité de ses membres, devait être d'un avis contraire.

Les défenseurs de Jansénius avaient tiré de son œuvre un certain nombre de textes destinés à démontrer que les cinq propositions n'étaient pas de lui ; qu'il y avait même dans l'*Augustinus* des propositions contradictoires à celles que la bulle avait frappées de censure.

On lut ces textes, on lut également divers passages de saint Augustin, mis par eux en regard de chacune des cinq propositions, et moyennant lesquels ils entendaient établir la preuve que le sort des unes était étroitement lié à celui des autres, et qu'on ne pouvait se déclarer contre celles-ci sans se déclarer en même temps contre ceux-là.

La réponse des commissaires fut concluante. «Ils soutin-»rent, dit l'auteur anonyme de l'*Histoire ecclésiastique du* »XVII⁰ *siècle*, que les textes de Jansénius cités pour sa dé-»fense étoient pris à contre sens ; que les sentiments de »saint Augustin bien expliqués étoient conformes aux déci-»sions de la constitution, et contraires aux opinions de Jan-»sénius ; qu'il étoit certain que saint Augustin avoit enseigné »sur cette matière ce qui appartenoit à la règle de la foi, »mais qu'il y avoit ajouté d'autres questions qui n'étoient »point de foi, et que le Pape Célestin avoit laissées indé-»cises ; que la doctrine de Jansénius dans les cinq propositions »étoit contraire à celle de saint Augustin et à l'explication »que le Concile de Trente avoit donnée (1). » Pour M. de Gondrin et ses amis, la leçon était dure. Elle n'était que trop méritée.

Il faut convenir aussi qu'ils s'étaient décidés bien tard à recourir au système de défense qu'on leur voyait employer

____

(1) Hist. eccl. du XVII⁰ siècle, t. XI, p. 313, V. Aussi les procès verbaux de l'Assemblée, t. IV.

maintenant. Il y avait loin de leurs raisonnements d'aujour-
d'hui à ceux qu'ils avaient tenus à la première heure.

Lorsque les propositions flétries par la bulle avaient été
déférées au tribunal du Pape, ils y avaient reconnu leurs
propres principes, les principes de Jansénius et de saint
Augustin. C'était à ce titre qu'ils les avaient défendues ; en
France, par de nombreux écrits, à Rome, par l'organe de
leurs députés. Arnauld avait soutenu en ce temps là, dans
ses *Considérations contre le syndic Cornet,* que ces mêmes
propositions, dont la teneur lui paraissait d'ailleurs irrépro-
chable, étaient l'objet des accusations les plus frivoles, et les
députés Saint-Amour et Bourzeis n'avaient point tari d'éloges sur le compte des trois ou quatre consulteurs qui s'étaient
fait, au sein de la Commission, les avocats du Jansénisme.

Impossible de le nier. Dès le début de la querelle et de
l'avis de tous dans les deux camps, ce que les uns et les
autres voulaient ou incriminer ou défendre sous le couvert
des propositions, c'était bien la substance [de l'*Augustinus,*
«l'âme même de ce livre», écrira un jour Bossuet (1); et
Innocent X avait traduit la pensée de tous, il l'avait attestée
pour l'histoire, en commençant ainsi sa bulle : «Etant arrivé,
à l'occasion d'un livre, intitulé l'*Augustinus,* de Cornélius Jansénius, évêque d'Ypres, qu'entre autres opinions de cet
auteur, il s'est élevé une contestation sur cinq d'entre elles...»;
et en la terminant par ces mots :«Nous n'entendons pas tou-
»tefois par cette déclaration et définition, faite touchant les
»cinq propositions susdites, approuver en aucune façon quel-
»conque les autres opinions qui sont contenues dans le livre
»ci-dessus nommé de Cornélius Jansénius (2). »

(1) Lettre au Maréchal de Bellefonds, t. XXXVII, p. 124, édit. de
Versailles.
(2) Mémoires du Clergé, t. I, pièces justificatives.

Et maintenant les Jansénistes se ravisaient. Les propositions taxées d'hérétiques ne leur appartenaient plus. Imaginées, forgées à plaisir, elles ne rendaient pas plus la doctrine de l'évêque d'Ypres que celle de saint Augustin, et ils n'avaient jamais eu l'intention de les défendre. La bulle d'Innocent X n'avait donc frappé qu'un fantôme. Le Jansénisme n'existait pas.

L'inconséquence était flagrante, Mazarin n'hésita pas à la mettre en relief (1).

Quant aux évêques, appelés à se prononcer, ils arrêtèrent «que l'on déclareroit par voie de jugement rendu sur les »pièces produites de part et d'autre, que la constitution avoit »condamné les cinq propositions comme étant de Jansénius »et au sens de Jansénius (2);» et que l'on écrirait à Sa Sainteté et aux évêques absents pour les informer de ces conclusions de la procédure.

A un mois et demi de là environ, Bosquet recevait à Rome, pour la remettre à Innocent X, la lettre des prélats de France.

Le Souverain Pontife se trouvait alors à la campagne; ce ne fut guère que le 25 mai qu'il put s'acquitter de sa commission.

Une dépêche de lui, portant cette date, l'annonçait en ces termes à de Marca :

«Je n'ay point répondu aux lettres que les deux derniers »courriers m'ont porté de votre part, parce que j'attendois le »retour du Pape pour lui donner la lettre de MM. les Prélats »de France ; ce que j'ay fait ce matin. Sa Sainteté l'a receüe »avec une démonstration de joye extraordinaire, laquelle il »témoignera par un bref. Elle a loué la décision du fait que

(1) Procès-Verbaux des Assemblées du Clergé, t. IV.
(2) *Ibidem.*

»les propositions sont dans Jansénius et a approuvé les rai-
»sons que je luy ay répétées bien au long pendant une heure:
»j'en rends un compte très exact à Son Eminence. Le temps
»me presse et ne me permet pas de vous les réécrire. J'ay
»fait valoir vos soins et vos projets et expédiens, lesquels
»sans doute seront considérez comme ils le méritent, et ne
»manqueray point dans toutes les occasions de vous témoi-
»gner avec quelle passion je suis, Monseigneur, vostre très
»humble et très dévoué serviteur (1). »

Ce que Bosquet ne racontait pas, faute de temps, à de
Marca, cette longue conversation tenue avec le Saint-Père,
dans une circonstance certainement bien solennelle, les
procès-verbaux de l'Assemblée du Clergé, à défaut du
compte-rendu que notre évêque en fit à Mazarin et que nous
n'avons plus, nous en ont conservé la substance telle qu'il
l'avait consignée lui-même dans ses mémoires.

On nous permettra de résumer ici ce document qui, par
les raisons qu'il expose, autant que par les détails particuliers et précis qu'il nous donne, a son importance, on en
jugera, dans cette histoire du Jansénisme (2).

Les évêques s'étaient vus obligés de faire connaître à leurs
peuples que les propositions condamnées se trouvaient réellement contenues dans le livre de Jansénius; c'est ce fait
surtout que Bosquet s'était attaché à bien établir aux yeux
du Pape.

Les sens différents que l'on avait donnés à ces propositions laissaient de l'incertitude dans les esprits et y jetaient
de nouvelles semences de division. Certaines personnes en
France affirmaient que Sa Sainteté ne les avait condamnées

(1) V. pour ce qui suit les procès-verbaux des Assemblées, t. IV,
p. 192, séance du 24 mars 1656.
(2) Bibl. nat. MSS. FR. fonds Baluze, 121, fol. 88.

que dans un sens, lequel n'était pas de Jansénius ; on faisait donc de la doctrine de celui-ci une doctrine rigoureusement catholique, quand les évêques avaient jugé, au contraire, qu'elle était enfermée dans le sens scandaleux et hérétique auquel Sa Sainteté avait dit anathème. Cette diversité d'interprétation donnait lieu aux dissentiments les plus regrettables. Les dissidents en profitaient avec habileté pour soutenir leurs erreurs, et tel était l'état des esprits, qu'il régnait une confusion extrême dans la doctrine et qu'on se trouvait en face, peut-être, d'un schisme prochain. Or, il n'y avait plus qu'un moyen de prévenir cette éventualité malheureuse, c'était de déclarer nettement que les propositions étaient vraiment l'œuvre de Jansénius. Ainsi avaient fait les évêques.

Ils n'avaient cru d'ailleurs, en agissant ainsi, ni prévenir le jugement de Sa Sainteté ni entreprendre sur le pouvoir qu'a le souverain législateur d'interpréter la loi. Ils s'étaient bornés seulement, c'était leur conviction, à expliquer clairement ce que Sa Sainteté avait dit déjà dans sa bulle, en termes moins précis et moins exprès sans doute, mais suffisamment explicites, pour peu qu'on les examinât tant en eux-mêmes que dans leur relation avec la lettre qu'ils avaient écrite et à laquelle la bulle avait répondu.

Il se souvenait bien à la vérité, lui Bosquet, que le Saint-Père lui avait déclaré en quelques rencontres ne vouloir toucher ni à la personne, ni à la mémoire de Jansénius, pas plus qu'à la question de *fait*, précisément pour éviter d'introduire dans le débat de nouvelles causes de disputes; mais, après avoir lu la constitution, on ne pouvait se méprendre sur la véritable pensée de Sa Sainteté. Il était évident que, d'après elle, le livre de Jansénius contenait les propositions hérétiques.

Et ici, Innocent X avait chaleureusement confirmé l'interprétation de Bosquet : «N'avez-vous pas remarqué, Monsei-

»gneur, lui avait-il dit, entre autres choses, une petite p arole de
»la constitution : *Non intendentes per hanc declarationem super*
»*prœdictis quinque propositionibus factam approbare ullate-*
»*nus alias opiniones ?* Donc, n'approuvant pas les autres
»opinions contenues dans le livre de Jansénius, nous avons
»entendu que les propositions condamnées sont dans le
»même livre.» A quoi l'évêque de Lodève avait répondu
que telle avait été la conviction des prélats de France. Pour
s'en éclaircir davantage, et pour donner avec plus de certi-
tude la vraie doctrine à leurs peuples, ils avaient pris la
peine d'examiner en entier le livre de l'évêque d'Ypres; et
non seulement ils y avaient trouvé les propositions flétries
par la bulle, mais ils étaient tombés d'accord qu'il existait
dans la doctrine de cet auteur un enchaînement si étroit
que les cinq propositions n'y pouvaient être dans un autre
sens que celui frappé d'anathème.

Le Saint-Père à ces mots avait manifesté une joie extrême. Il
savait bon gré aux évêques d'avoir expliqué avec tant de
justesse sa constitution, au cardinal-ministre du zèle qu'il
avait fait paraître dans une affaire aussi épineuse, à Sa Majesté d'avoir appuyé de son autorité les décisions de l'Eglise.
« Nous remercions le roi, avait-il dit, nous remercions le
»cardinal Mazarin, nous remercions tous les évêques de
»France, et vous aussi nous vous remercions encore », et il
avait accompagné ces dernières paroles de compliments si
flatteurs à l'adresse de Bosquet, que la modestie de celui-ci
ne lui a point permis de les reproduire. Puis portant à ses
lèvres la lettre des prélats qu'il tenait en main : « Ecoutez,
»Monsignore, s'était-il écrié, cette lettre est la plus grande
»joye que nous ayons reçuë dans nostre pontificat (1). »

(1) Voici comment le P. Rapin, dans ses *Mémoires*, raconte cette
entrevue de Bosquet avec le Pape : « La lettre au Pape, signée de toute
l'assemblée et datée du 28 mars, fut adressée à Rome, à l'évêque de

Le jugement des évêques n'avait cependant pas mis fin à l'obstination de M. de Sens. Celui-ci et l'évêque de Cominges avaient bien ratifié, le 9 avril, la résolution de l'assemblée ; mais ils avaient à peine signé cette résolution qu'ils s'étaient empressés de donner de leur conduite une explication malheureuse.

Ils ne voulaient pas, disaient-ils, que leur signature pût porter le moindre préjudice à l'autorité et à la doctrine de saint Augustin. Cette doctrine, ils entendaient bien ne jamais l'abandonner. Leur intention formelle était au contraire qu'on la suivît, enseignât et soutînt dans leurs diocèses, comme on avait fait auparavant (1).

Les évêques de Valence et de Beauvais souscrivirent quelques jours après à cette déclaration.

Or, de deux choses l'une : ou bien ils avaient admis avec les autres évêques qu'il n'y avait rien de commun entre les propositions de Jansénius et l'enseignement du docteur d'Hippone, et dans ce cas leur explication était inutile ; ou bien, ils persistaient à confondre l'enseignement de celui-ci avec les opinions de celui-là, et leur explication dès lors devenait une injure. En effet, elle tenait pour non avenues les

Lodève alors, maintenant à Montpellier, qui étoit à Rome pour les affaires du roy. Il remit cette lettre le 24 may 1654, en expliquant le sujet et ce qu'elle contenoit. Sa Sainteté la reçut avec une démonstration de joye qui marquoit la satisfaction qu'il avoit de ce que les évêques de France étoient entrés en son esprit pour expliquer la constitution dans son sens, déclarant les propositions condamnées au sens de l'évêque d'Ypres, dont elles étoient tirées ; et baisant la lettre que l'évêque de Lodève luy présentoit, il dit que c'étoit la plus grande joie qu'il eût reçue de son Pontificat. Le Pape ajouta à l'évêque de Lodève que les évêques de France étoient écrits en son cœur, etc., etc. (Mémoires du P. Rapin, de la compagnie de Jésus, publiés pour la première fois, d'après le manuscrit autographe, par Léon Aubineau. Paris, Gaume, 1865, t. 11, p. 438-439.

(1) Procès-verbaux, t. IV, *loc. cit.*

décisions du clergé de France. Elle remettait en question la chose jugée, et sous couleur de mettre à couvert la doctrine de saint Augustin que rien ne menaçait, elle révélait l'intention à peine dissimulée de défendre et de soutenir encore la doctrine de l'évêque d'Ypres.

On le voit, la paix n'était pas faite.

Le 10 avril, l'archevêque de Toulouse écrivait à Bosquet : « Je prétendois vous dire mon advis sur ce qui restoit à »faire. Mais la conduite de MM. de Sens et de Cominges a »rompu mes mesures. Nous espérions les tirer d'affaire par »le moyen des lettres des prélats qu'ils ont signées et que »nous prétendions faire passer pour des révocations tacites »ou explications de leurs mandements ; mais ils ont gasté »tout par l'acte qu'ils firent hier et qu'ils mirent dans le »procès-verbal, comme vous pourrez le voir dans mon jour-»nal. Je me réserve de vous écrire par le prochain ordi-»naire, ce que j'estime devoir estre fait de nouveau par Sa »Sainteté... (1). »

L'indignation toutefois était grande dans l'épiscopat. On se demandait même s'il n'y avait lieu d'engager contre les prélats réfractaires une procédure criminelle. Mais alors, MM. de Sens, de Cominges, de Valence et de Beauvais s'étaient ravisés. Ils étaient venus déclarer dans l'assemblée que, en protestant comme ils l'avaient fait, ils n'avaient eu nul dessein de rien entreprendre contre le respect et l'obéissance dus au Saint-Siège, et qu'ils se soumettaient parfaitement à la bulle (2).

Puis après s'être concertés, ils avaient convenu d'écrire ensemble une lettre au Pape pour lui rendre un compte exact de leur conduite.

(1) Bibliothèque nat. MSS. FR. fonds Baluze, 121 fol. 15, lettre du 10 avril 1654.

(2) V. Hist. eccl. du XVIIᵉ s., t. 11, p. 320.

L'archevêque de Toulouse n'était sastisfait qu'à moitié d'un tel dénouement. Dans l'attitude de M. de Gondrin et de ses collègues, il y avait place encore, selon lui, pour trop d'équivoque.

Voici ce qu'il écrivait le 17 avril, à notre évêque :

« Vous avez reçu la dépêche du clergé et de son Emi-
»nence, et mon procès-verbal touchant la dernière assemblée
»à quoy je me remets. Je n'entre point dans la discussion si
»la satisfaction que fait M. de Sens sera bien reçue. C'est au
»Pape de peser ses intérêts. Je vous diray seulement en
»secret que les Jansénistes triomphent : 1° de ce que M. de
»Sens n'a point révoqué la lettre pastorale, laquelle subsiste
»avec toutes les allusions contre la bulle et les censures
»qu'elle contient contre les opinions communes qu'il appelle
»des semi-Pélagiens ; 2° de ce qu'il a protesté en l'assem-
»blée que le sens de Jansénius n'est point condamné par la
»bulle et que la doctrine de saint Augustin demeure en son
»entier ; et enfin, de ce qu'il a faict mettre dans le procès-
»verbal que M. de Cominges et luy avoient eu un avis par-
»ticulier, ce qui sert de protestation contre leur souscription
»à la lettre commune.

»Je pense que comme son Eminence s'emploie pour eux,
»et que M. de Sens a déjà commencé à satisfaire par la lettre
»qu'il écrit, il n'est pas besoin de continuer une procédure
»criminelle, il semble d'un côté qu'il suffiroit, au cas que
»l'on ne seroit pas entièrement content, d'envoyer un for-
»mulaire à M. le Nonce pour le faire signer par M. de Sens,
»et que son Eminence soit exhortée par Sa Sainteté de
»tenir la main à ce que cela soit exécuté tant par M. de Sens
»que par MM. de Cominges, de Valence et de Beauvais.
»Mais d'autre part, il semble qu'il seroit mieux que l'on
»dressât un formulaire général qui fût signé par tous les

»évêques, ensuite par les Universités, chapitres et commu-
»nautés régulières. En ce cas, il faudroit mettre dans ce for-
»mulaire que l'on condamne les cinq propositions, suivant la
»constitution, au sens que Jansénius les a expliquées, et que
»l'on croit, et que l'on enseignera la doctrine contraire à
»celle de Jansénius, comme estant la catholique.

»Pour le regard de saint Augustin, il est nécessaire d'en
»parler, autrement la dispute demeure toujours en son
»entier. Il y a de la peine à trouver les biais qu'il faut
»prendre pour cela, d'autant que les papes n'ont point
»accoutumé d'expliquer le sens d'un père en particulier, et
»ne veulent pas s'exposer à la repréhension ou au doubte
»s'ils ont erré en une question de faict. Il faut néantmoins
»chercher un tempérament entre ce danger et le silence.
»Ce qui se peut en mettant pour la dernière clause du for-
»mulaire que l'on ne renouvellera point les opinions con-
»damnées, sous prétexte de la doctrine de saint Augustin ;
»attendu que c'est la coutume des hérétiques de couvrir du
»nom de ce saint docteur leur nouveautez, en lui donnant des
»interprétations contraires à son intention, et qu'il appartient
»au Saint-Siège d'expliquer les saintes Ecritures et la tra-
»dition de l'Eglise enseignée par saint Augustin et les autres
»pères en matière de foy. Il faudra escrire un bref à MM. les
»prélats pour approuver ce qu'ils ont faict, dans lequel on
»pourroit mettre que Sa Sainteté envoye un formulaire de la
»doctrine qu'il faut enseigner en exécution de la constitution,
»lequel elle ordonne d'estre signé par tous les évêques … et
»une clause spéciale, en ce qui seroit présenté à MM. de
»Sens, de Cominges, d'Angers et de Beauvais, qu'ils révo-
»quent expressément les lettres et mandements qu'ils ont
»faict à l'occasion de la publication de la constitution (1). »

(1) Bibliothèque nat. MSS. FR. fonds Baluze 121, fol. 19-20.

En même temps qu'il envoyait à Bosquet ces conseils dont une partie, nous le verrons plus tard, devait être mise à profit par la cour de Rome, l'archevêque de Toulouse ne cessait d'agir ou de faire agir auprès de M. de Gondrin pour l'amener à rétracter sans détour la protestation dont sa déclaration récente n'avait pas suffisamment couvert le scandale. Les esprits étaient très montés. Une plainte au Pape était imminente. Si la religion chez M. de Sens ne parlait plus assez haut, son intérêt du moins exigeait qu'il se rendît au vœu des évêques.

M. de Gondrin avait paru comprendre son intérêt, et il était venu, dans la séance du 25 avril, affirmer de nouveau à l'assemblée que « à l'égard de la constitution, il la recevoit, »qu'il s'y soumettoit entièrement et qu'il la feroit respecter »dans son diocèse (1). »

Des récriminations contenues dans sa lettre pastorale et si malheureusement renouvelées depuis dans ses discours, rien : rien que cette formule générale où la soumission exprimée dans les mots ne laissait pas moins subsister un doute sérieux sur l'esprit qui l'avait dictée à son auteur.

L'assemblée des prélats n'était pas contente. A la vue de tous ces tiraillements, de tant de démarches sans fruit qui venaient se briser toutes contre une ténacité irréductible, que devait-on penser au Quirinal? Les Jansénistes grossissant à plaisir le bruit qui se faisait dans le public au sujet des dissentiments soulevés par l'interprétation de la bulle, quelle idée y devait-on bien avoir de l'union de l'épiscopat?

Ce fut le rôle de Bosquet de se constituer auprès du Saint-Père le garant autorisé et toujours écouté de cette union ; et si, au reçu de la lettre du clergé de France, Innocent X, malgré les mauvaises nouvelles qui lui arrivaient d'au delà

(1) Procès-verbaux, t. IV.

des Alpes, s'était déclaré satisfait, s'il avait manifesté une grande joie, c'est que cette lettre avait eu sa confirmation dans les éloquents commentaires de celui qui la lui avait présentée.

Le Pape, d'ailleurs, se sentait attiré vers Bosquet par les côtés aimables de sa nature, par sa modération et sa douceur, autant que par l'élévation de son esprit ; et bien souvent faisant trève à ses occupations et à ses nombreux soucis de Pontife, il s'était plu à jouir de son entretien. Il professait pour lui la plus haute estime, et, pour lui en donner une marque particulière, il n'avait point tardé à le nommer son assistant.

Qu'on veuille bien le remarquer, en précisant, comme nous l'avons fait ici, l'importance du rôle de Bosquet en cour de Rome, dans cette malheureuse question jansénienne, nous ne disons rien qui soit excessif. Telle de ses lettres à de Marca est on ne peut plus explicite sur ce point. De ton assez piquant, semi-badine, cette lettre renferme, sous ses allures de boutade charmante d'ailleurs et de bon-aloi, l'aveu très net de son influence.

C'était à la suite d'un reproche adressé par de Marca à notre évêque, au sujet de la brièveté de ses lettres. L'archevêque de Toulouse se plaignait à son ami de ce laconisme épistolaire, peut-être un peu plus malicieusement que de raison : « Depuis que le Pape vous a fait son assistant, lui »disait-il, je pense que vous oubliez les petites gens comme »moy (1). »

Voici quelle fut la réponse de Bosquet :

« Monseigneur,

»Tel me doit qui me demande, et de crainte que je vous »témoigne ma juste cholère vous faictes tous vos efforts pour

(1) Biblioth. nat. MSS. FR. fonds Baluze 121, fol. 29. Lettre écrite de Paris, le 3 juillet 1634.

»m'escrire en homme fasché. Je voi bien que les bienfaits
»s'escrivent sur l'onde et que la mémoire s'en perd bientost.
»Osez-vous comparer deux ou trois journaux que vous
»m'avez envoyé de ce qui se passoit dans vos assemblées,
»avec les longues lettres et relations que je vous ay escrites,
»principalement sur vos affaires, dont vous ne m'avez pas
»encore remercié. Si je me fusse arresté à vos relations sei-
»ches et harides qui contenoient à la vérité toutes vos actions
»et ne disoient pas un mot des motifs et des raisonnements,
»j'eusse esté un bel orateur devant le Pape, et si j'eusse
»suivi l'esprit de ces journaux, et donné à dos aux uns et
»aux autres, j'eusse persuadé facilement au Pape qu'il y
»avoit une grande union entre vous, et que l'on ne respiroit
»que l'obéissance et le respect envers Sa Sainteté. Certes, il
»a bien fallu avoir eu du paint cuit au logis, sans attendre
»qu'il en vint de delà les monts, pour contenter ce monde,
»et quand il plaira à M. le cardinal Mazarin de faire voir les
»relations véritables qui luy ont été escrites, vous conoistrez
»bien que le bonhomme n'a pas perdu son calepin à Rome.

»Si le Pape m'a fait son assistant, c'est un effect de sa
»bonté envers moy, de laquelle je me sens d'autant plus
»obligé qu'il l'a reffusé à beaucoup d'autres qui le méritent
»mieux que moy.

»Me voilà, Monseigneur, vengé à demi de vostre belle et
»piquante lettre, et pour vuider le reste de nos différends, je
»vous assigne à nos estatz prochains, sinon que, pour me
»satisfaire entièrement, vous fassiez lire cette lettre à Mon-
»seigneur le chancelier, car, pourvu qu'il sache que vous
»et moy avons esté en cholère l'un contre l'autre et que
»maintenant nous sommes bons amis, je suis très content de

»vous, et ne vous demande plus rien, sinon le renouvelle-
»ment de vos bonnes grâces et que vous me croyiez toujours
»Votre très humble et dévoué serviteur,

»F. Bosquet.
»De Rome, le 3 août 1654 (1). »

Cependant l'on attendait avec impatience à Paris le bref
demandé par de Marca, promis par le Pape, et officiellement annoncé à l'assemblée des évêques par Bosquet, dans
sa lettre du 25 mai, adressée à l'archevêque de Toulouse.

Innocent X ne se pressait point. L'acte officiel qui devait
apporter aux prélats du royaume, ses félicitations et ses remerciements pour leur zèle à défendre la vérité, ne con-
tiendrait-il pas un blâme implicite pour M. de Gondrin et
ceux de ses collègues qui avaient fait de l'opposition avec
lui ? Ne valait-il pas mieux dès lors en différer l'expédition
jusqu'à ce que ces derniers eussent réparé entièrement leurs
torts et adhéré aux décisions de l'épicospat, sans arrière-
pensée, ni réticence ? Actuellement, un bref, pour modéré
qu'on le fît, aurait tout l'air d'être dirigé contre eux. Ils ne
pouvaient prétendre bonnement entrer en part des éloges
adressés aux autres évêques. On était obligé de les exclure ;
mais l'acte pontifical allait donner à cette exclusion une pu-
blicité retentissante. On allait donc les humilier, et les humilier, n'était-ce pas s'exposer beaucoup à les aigrir? La bonté
d'âme d'Innocent X, moins disposé que jamais du reste, vu
son état maladif, aux mesures sévères, se refusait à provoquer un tel résultat, même avec les raisons les plus légitimes.

Bosquet écrivait de Rome, le 22 juin, à son ami : « Ayant
»reçu les dépesches de Messeigneurs, concernant l'affaire
»des Jansénistes, de la part de Monseigneur le cardinal

______

(1) Biblioth. nat. MSS. FR. fonds Baluze, 121, fol. 101,

»Mazarin, et dans son pacquet, j'en ai rendu un compte
»très exact à son Eminence (1), et de tout ce qui s'est passé
»ensuite, dont je crois que vous aurez eu connoissance, et
»il seroit inutile de vous le redire. Je me contenterai seule-
»ment de vous assurer que le Pape m'a tesmoigné une joye
»extraordinaire des lettres de Messeigneurs et qu'il leur en
»escrira un bref qui a été suspendu par la nouvelle lettre
»de M. l'archevêque de Sens, qu'un expéditionnaire a rendue
»à Sa Sainteté avec l'acte de protestation que le dict seigneur
»archevêque et MM. de Valence, de Cominges et de Beau-
»veais ont fait dans l'assemblée; de quoy j'ay informé plei-
»nement son Eminence (2), M. le comte de Brienne (3) et
»MM. les agents du clergé (4)... »

En réalité, la lettre adressée à Innocent X par les quatre
évêques n'était pas de nature à autoriser une grande foi en
leur soumission. S'ils s'étaient rendus à la pluralité des
voix, s'ils avaient souscrit à ce que l'assemblée avait défini,
ce n'avait été, disaient-ils, que pour éviter un schisme et ne
se point séparer de leurs frères. Ils ne détestaient pas moins
que les autres, les cinq propositions condamnées; mais leur
sentiment était qu'on n'aurait point dû sortir des bornes de
la bulle, ni entreprendre de rien décider au delà de ce qu'elle
avait fait. L'assemblée avait déclaré ces propositions hérétiques au sens de Jansénius; tel n'avait pas été leur avis, et
ils pensaient qu'on aurait dû attendre que Sa Sainteté même
terminât ce différend par une seconde constitution, où serait
précisé le nouveau dogme de Jansénius jugé hérétique par

(1) Le cardinal Chigi.
(2) Le cardinal Mazarin.
(3) Henri-Auguste de Loménie, comte de Brienne (1594-1666). Il
était chargé à cette époque du département des affaires étrangères.
(4) Biblioth. nat. MSS. FR. Baluze 121, fol. 103, signature seule
autographe.

le Pape, et condamné comme tel dans les cinq propositions (1).

Nous avons vu de Marca, dans sa lettre à Bosquet du 17 avril, se montrer moins que satisfait de cette attitude des quatre évêques, et M. de Sens, pour calmer l'irritation de ses confrères, venir quelques jours après, le 25 avril, protester devant eux de sa parfaite orthodoxie. Cette protestation, où se rencontraient les mêmes réserves, n'avait détruit aucune prévention. L'assemblée du Louvre restait mécontente, et maintenant elle souhaitait ardemment une parole d'Innocent X qui, en donnant raison à ses décisions, confondît l'obstination de ceux qui persistaient à vouloir se soustraire toujours à leurs conséquences. Ne voyant rien venir, on s'expliquait difficilement à Paris le silence du Pape.

« J'ay receu vostre lettre du 22 juin, dont la teneur ma »surpris, en ce qui regarde le procédé du Pape à nostre »égard et celui de M. de Sens à l'endroit du Pape, man- »dait l'archevêque de Toulouse à Bosquet, le 1er août. Sa »Sainteté ne devait point retarder de nous envoyer son bref »pour la faute de quatre évêques. Les Jansénistes imputent »cela à la crainte que l'on a des évesques opposants et se »fortifient par là dans leur contumace... C'est ce qui a obligé »MM. de La Rochelle, de Montauban et de Chartres (2), qui »estoient chez moy ce matin de me charger de vous escrire »qu'il jugent absolument nécessaire, et moy avec, qu'il plaise »à Sa Sainteté de nous envoyer au plus tost son bref, en ré- »ponse à la lettre des évesques (3). »

(1) V. les procès-verbaux des assemblées du clergé, t. IV. Pièces justificatives.

(2) Commissaires nommés avec de Marca par le clergé de France pour l'affaire du Jansénisme.

(3) Biblioth. nat. MSS. FR. fonds Baluze 122, fol. 33.

De Marca dut insister encore probablement et à plusieurs reprises, les jours suivants. Peut-être même, dans son
impatience, alla-t-il jusqu'à reprocher à Bosquet de n'avoir
pas manifesté avec assez d'énergie au Souverain-Pontife le
désir de l'épiscopat.

L'évêque de Lodève lui répondit le 7 août :

«Si vous n'aviez la connaissance des longueurs de Rome
»par l'expérience de vos propres affaires, vous pourriez vous
»plaindre du retardement du bref du Pape, qu'il m'a pro-
»mis depuis trois mois, et si vous considériez que j'ay esté
»attaché au lict pendant six semaines et que le Pape est
»malade depuis 23 jours, et qu'il faut attendre la reconva-
»lescence pour avoir l'effet de ses promesses, vous ne vous
»plaindriez pas comme vous faites par vostre lettre. Suffit,
»Monseigneur, que je n'y aye rien oublié de ma part et qu'il
»s'y est faict tout ce qui a esté possible. M. le cardinal Chigi,
»de la main duquel je dois recevoir ce bref et auquel j'ay
»faict savoir le contenu de vos lettres, en rendra toujours un
»témoignage favorable pour moy. Il faut donc avoir un peu
»de patience, comme je la prends malgré moy qui voudrois
»bien estre sur le chemin de France ; mais je ne puis avoir
»le congé et la bénédiction de Sa Sainteté, quelque volonté
»qu'elle ait de me la donner, à ce que l'on me répond aux
»instances que j'en fais tous les jours : il me faut attendre
»qu'il se porte mieux. Et cependant, je vois que la belle
»saison s'en va et qu'il me faudra passer les Apennins et les
»Alpes peut-être couverts de neige, et encore avec une
»jambe, car je laisse la moitié de l'autre à Rome.

»Vous estes bien sain et bien riche, et sans crainte des
»armées, des bandits, ny des précipices, vous en pouvez
»aller en vostre diocèse ; voilà pourquoi vous parlez si bien,
»mais Dieu me fera la grâce de retourner au mien et de
»trouver dans le chemin ma jambe, ou en tout cas, dans les

»bains de Balaruc (1) ou de Bagnères (2) ; et si j'y suis une
»fois, on ne m'en tirera pas si facilement. Je prie Dieu qu'il
»vous confirme en santé, sans avoir besoin de deux crosses
»comme elles me sont nécessaires pour m'en retourner. Je
»suis toujours, Monseigneur (3), etc.....»

Ces lenteurs qui désespéraient l'archevêque de Toulouse
causaient autrement d'ennuis à Bosquet. Le séjour de Rome
ne lui avait pas été des plus bénins. Assailli par de violentes
douleurs rhumatismales, retenu au lit, l'espace de deux
mois environ, ce n'était pas sans appréhension qu'il voyait
maintenant approcher l'hiver. Il ne lui restait plus pour
achever sa mission — une mission qui n'avait que trop
duré, hélas! pour son repos - qu'à emporter la réponse du
Pape. On comprend qu'il n'avait épargné dans ce but ni les
démarches, ni les instances. Il avait eu avec le cardinal
Chigi plusieurs conférences où il n'avait été question que du
bref et de la nécessité qui se faisait sentir de plus en plus
d'en hâter l'envoi (4).

Malheureusement Innocent X était malade, assez grave-

(1) Balaruc était, du temps des Romains, une station thermale
très fréquentée. L'invasion des barbares entraîna la chute de sa fortune. Il serait difficile de déterminer, d'une façon précise, l'époque
de sa renaissance. Au XIVᵉ siècle il y avait un hôpital. (Voir Études
historiques sur les comtes de Maguelone, Melgueil et Substancion,
par M. Germain, membre de l'Institut). Au XVᵉ siècle, Rabelais qui
avait étudié la médecine à Montpellier, célébrait dans ses œuvres l'efficacité des eaux de Balaruc. On y venait beaucoup, paraît-il, sous
Louis XIV. Le colonel de Grignan y fut guéri de la goutte, au dire de
Mᵐᵉ de Sévigné qui déclare, à ce propos, dans une de ses lettres, que
trois jours passés à Balaruc avaient fait un miracle que le Mont-Dore
et Barèges avaient été impuissants à produire. (V. la notice sur Bala-
ruc-les-Bains, par le Dʳ Adrien Planche.)

(2) Bagnères-de-Bigorre probablement.

(3) Biblioth. Nat. M. SS Fonds Baluze, 122, fol. 98, 99. Signature
seule autographe.

(4) Procès-verbaux des Assemblées du Clergé, t. IV, 192.

ment même, pour qu'on ne dût point songer à l'entretenir d'affaires. C'était donc en vain que Bosquet multipliait ses visites au Cardinal. Il en était réduit à faire appel à tout son courage et à attendre avec le plus de résignation possible l'heure providentielle qui le rendrait à sa liberté.

Elle arriva enfin dans les derniers jours de septembre. Le Pape, l'ayant reçu en audience de congé, lui renouvela l'expression du contentement que lui avait fait éprouver la conduite de ses collègues. Il lui déclara encore en termes exprès que ce qu'il avait condamné dans les cinq propositions, c'était bien la doctrine de Jansénius, contenue en son livre (1), et qu'il était tout disposé à préciser sa pensée sous ce rapport dans le bref qu'il avait donné ordre au cardinal Chigi de rédiger.

Le bref parut, en effet, le 29 septembre et fut remis aussitôt en main propre à Bosquet. Quelques jours après, notre évêque disait adieu à l'Italie (2).

Son intention était d'arriver jusqu'à Paris pour y remettre lui-même la lettre pontificale qu'il savait être impatiemment attendue ; mais outre qu'on ne voyageait pas vite en ce temps-là, les douleurs qui l'avaient presque privé de l'usage d'une jambe l'arrêtèrent encore en chemin. Obligé de n'aller qu'à petites journées, condamné probablement par quelques crises de son mal à faire ici et là des stations un peu longues, il éprouvait d'autant plus de contrariété de ces contre-temps qu'il recevait de Mazarin et des agents du clergé des lettres pressantes, l'engageant à activer son retour (3). De guerre lasse et impuissant à maîtriser le mal

(1) Procès-verbaux, *loc. cit.*

(2) Dans les procès-verbaux, Bosquet déclare que, « à cause de la longue maladie du Pape, il ne put obtenir le bref que quelques jours avant son départ. » Procès-verbaux, t. IV, 193.

(3) Procès-verbaux, *loc. cit.*

qui le tenait, il prit le parti, qui était de beaucoup le plus
sage de donner à sa santé les soins exigés par son état et
d'adresser sans plus de retard au principal agent du clergé,
l'abbé de Marmiesse (1), le bref dont il était porteur, se
réservant d'en commenter la lecture devant l'Assemblée
générale, quand les forces lui seraient revenues avec les
beaux jours.

Bosquet alla demander sans doute à quelqu'une des stations balnéaires de notre Midi, son rétablissement et sa gué-
rison (2) ; mais il fut longtemps à se remettre. L'archevêque
de Toulouse lui écrivait, à la date du 17 décembre, de Montpellier, où les Etats du Languedoc, ouverts depuis le 7 (3),
tenaient leurs séances : «Je ne saurois vous exprimer le
» déplaisir que j'ay reçu d'avoir appris l'estat de vostre in-
» disposition. Il seroit plus grand si je n'espérois que la force
» des eaux vous rétablira vostre première santé (4). »

(1) Procès-verbal, *loc. cit.*

(2) Il est plus que probable que Bosquet se rendit à Balaruc, vu la
réputation de ces thermes pour le genre d'infirmités dont il était
atteint, et la proximité de Montpellier et de Lodève. Aucun des nombreux documents que nous avons consultés n'a pu nous renseigner
d'une manière positive.

(3) Dom. Vaissète, hist. de Languedoc, t. IX.

(4) Bibliothèque nationale, MSS FR. Fonds Baluze, 121, fol. 35.
Cette lettre ne porte pas de suscription au dos.

CHAPITRE III

Bosquet et l'archevêque de Sens. — Question des Réguliers

SOMMAIRE. —. Bosquet rentré en France est choisi comme intermédiaire par la cour de Rome, auprès de l'archevêque de Sens et de l'évêque de Cominges. — Insuccès de ses premières démarches. — Motif possible de la résistance de M. de Gondrin. — Question des Réguliers. — Historique des exemptions et des restrictions dont elles sont l'objet de la part des Papes. — Les jésuites et Richard Smith, en Angleterre. — Contestations en France au sujet de cet incident. — Le *Petrus Aurelius* approuvé par l'assemblée générale du clergé. — Conséquences fâcheuses de cette apppobation. — Démêlés de l'archevêque de Sens avec les jésuites. — Lettre de Marca à Bosquet sur cette affaire, pendant le séjour de ce dernier à Rome. — Innocent X ne se prononce pas. — Raisons de cette neutralité. — Préoccupations de Mazarin. — Arrivée de Bosquet à Paris. — Difficultés qu'il rencontre dans sa médiation. — Il espère les dénouer en établissant un rapprochement entre M. de Gondrin et le Saint-Siège sur la question du Jansénisme. — Lettre dans ce sens qu'il écrit à Mazarin. — Une assemblée de quinze prélats dresse un formulaire. — Adhésion de l'archevêque de Sens à la bulle.

L'année 1654 s'acheva sans que MM. de Sens, de Cominges et de Beauvais eussent mis quelque tempérament à leur raideur, ni apporté le moindre changement à la situation qu'ils s'étaient faite. Leurs lettres pastorales et ordonnances restaient debout, en dépit des déclarations de la cour de Rome, et ils trouvaient bon de s'en tenir aux termes de la lettre explicative qu'ils avaient adressée au Pape, cinq à six mois auparavant. Ils étaient prêts à corriger dans leurs écrits tout ce que le Saint-Siège ne jugerait pas à sa convenance; mais ne voyant pas trop, disaient-ils, en quoi ils s'étaient donné le tort de déplaire, ils attendaient que Sa Sainteté voulût bien leur marquer en détail ce qui motivait son mécontentement et ses reproches. Ce n'était certes pas là le langage de révoltés : il y avait de la soumission même dans ce langage ; mais à y regarder de bien près, de cette soumission aux formes conditionnelles, de ces déclarations dubitatives, qu'il y avait loin à la franche et simple obéissance avec laquelle les évêques de tous les temps et de tous les pays s'étaient plu à accueillir les remontrances du chef de tout l'épiscopat ! En définitive, ce qu'il y avait de répréhensible dans leurs mandements, pouvaient-ils bien dire qu'ils l'ignoraient ? et avaient-ils besoin, pour le reconnaître, que le Pape eût précisé et spécifié ses griefs ?

Cela n'empêcha pas un certain nombre d'évêques dans le royaume, parmi ceux surtout qui n'ayant point fait partie de la dernière assemblée ne pouvaient être qu'imparfaitement au courant des choses, d'estimer que c'était au Pape maintenant à se montrer coulant, et qu'il y avait lieu, la satisfaction offerte par leurs collègues leur paraissant au moins convenable, de prier le Saint-Siège de s'en contenter. Non pas que M. de Sens et ses amis fussent devenus plus sympathiques, ni qu'on approuvât absolument leur attitude. Mais il était de la dernière importance d'en finir au plus vite avec les difficultés qu'ils avaient soulevées. Que le Saint-Siège, fatigué d'attendre, décrétât leur mise en accusation (l'éventualité était possible), il pouvait surgir de là de graves conflits. Supposé, en effet, que la cour de Rome négligeât de tenir compte, dans les formes de sa procédure, des lois du royaume et des libertés de l'Eglise gallicane, la cause des accusés ne deviendrait-elle pas forcément celle des évêques ? et voilà ce qu'on voulait prévenir. Nous avons vu se produire déjà des préoccupations de ce genre à la première heure de ce long procès. Elles influèrent, plus qu'on ne pense, sur sa durée.

Ces lois du royaume, mises ainsi en avant par les évêques,

Louis XIV était le premier intéressé à en assurer le maintien. Mais, comme il avait un extrême désir d'éviter toute complication de nature à amener quelque refroidissement dans les rapports de son gouvernement avec le Saint-Siège, il résolut d'intervenir lui-même dans cette affaire. En conséquence, il chargea M. de Brienne d'aller trouver de sa part le nonce Bagny, et de lui demander officiellement sur quels points précis devaient porter les rétractations de M. de Sens et de ses collègues, pour donner entière satisfaction à Sa Sainteté. La réponse du Nonce fut assez sèche : « Je n'ai pas mission »de m'expliquer, dit-il à M. de Brienne, et ces Messieurs »savent à quoi s'en tenir sur les motifs de la plainte du »Pape (1). » Il ajouta pourtant, d'un ton plus doux : « Offi- »ciellement, je ne puis rien dire, mais il m'est permis, offi- »cieusement, de vous donner un conseil, car je désire, autant »que personne, que cette affaire soit accommodée. Engagez »M. de Sens, et les prélats qui se trouvent dans le même »cas que lui, à s'adresser à l'évêque de Lodève. Il a reçu »du cardinal secrétaire d'Etat, Rospigliosi, plusieurs lettres »où je crois bien qu'il est un peu question des intentions de »Sa Sainteté. Il pourra donc, mieux que qui que ce soit, four- »nir à ces Messieurs les éclaircissements qu'ils deman- »dent (2). »

A Rome, en effet, on n'avait pas considéré la mission de Bosquet comme finie, parce qu'il était revenu en France. Le souvenir qu'on y avait gardé de l'élévation de son esprit, de la douceur et de l'aménité de son caractère, était trop profond ; et l'on ne doutait pas, vu les éminentes qualités qui le distinguaient, qu'il ne fût encore le meilleur ouvrier de la paix dans son pays. Le cardinal Rospigliosi avait voulu

(1) D'après les procès-verbaux de l'assemblée de 1655.
(2) Idem.

entretenir avec lui une correspondance assez active. Le
Pape lui-même avait écrit ou fait écrire à son Nonce, pour
lui indiquer l'intervention de l'évêque de Lodève comme
étant celle qui lui paraissait la plus efficace, et le prier de
confier à celui-ci le soin d'être l'intermédiaire officiel de ses
volontés auprès des prélats récalcitrants.

Cette lettre, où Innocent X faisait à Bosquet un tel honneur, est peut-être la dernière qui ait été inspirée ou dictée
par le grand Pontife. Le courrier qui l'emportait n'avait pas
encore franchi les monts qu'Innocent X avait rendu sa belle
âme à Dieu.

C'était le 6 janvier 1655.

Un changement de règne, dans les circonstances pénibles
que l'on traversait alors, avait une gravité considérable que
ne pouvaient méconnaître ceux qui se donnaient la peine
de réfléchir. Le Pape défunt, sans avoir beaucoup de
sympathie pour la France, s'était signalé, somme toute, par
un profond esprit d'impartialité et de justice. Ce que serait
son successeur ? On l'ignorait. Mais les difficultés religieuses,
contre lesquelles on se débattait en vain depuis de longs
mois, pouvaient puiser dans des difficultés d'un autre ordre,
si elles venaient à se produire, un caractère d'acuité plus
intense. La politique française n'était peut-être pas ce qu'il
y avait de meilleur pour l'Italie, et les imperfections de notre
humanité se rencontrant même sous la tiare, il était si facile
à un Pape de se souvenir de sa qualité d'italien et de laisser
percer les sentiments peu bienveillants du souverain, jusque
dans les actes et les procédés du Pontife ! (1)

Il était donc urgent, plus que jamais, de mettre un terme
à la situation équivoque de M. de Sens et de ses collègues.

---

(1) Une lettre de Bosquet, que nous citons plus loin, montre que
c'étaient bien là les appréhensions de notre évêque.

L'évêque de Lodève, encore souffrant, leur avait écrit aussitôt pour les engager à une réparation plus complète. Sûr de la pensée du Pape, il la leur avait transmise en l'accompagnant des considérations et des réflexions qui pouvaient le mieux les convaincre. Après deux mois pourtant, rien n'était fait, et l'on attendait encore un témoignage de la bonne volonté de ces prélats. L'archevêque de Sens se reposait dans ses terres (1), laissant espérer à Bosquet qu'il le verrait à Montpellier, à son passage. Quant à l'évêque de Cominges, il faisait partie de la députation aux Etats, et Bosquet pensait pouvoir toujours le saisir. Malheureusement, quand il se rendit à Montpellier, dans les derniers jours de février, M. de Cominges n'y était plus (2), et l'archevêque de Sens était passé, ou avait pris une autre voie, pour s'en retourner dans son diocèse.

Bosquet dut éprouver d'autant plus de regrets de ce mécompte qu'il avait reçu, en arrivant, des mains de Marca une lettre du Nonce qui venait lui rappeler les dernières recommandations d'Innocent X.

Il écrivait, le 1er mars, à Mazarin :

« Monseigneur,

»J'ay reçu des mains de M. de Tolose, il n'y a que deux »jours, une lettre de M. le Nonce par laquelle il me prie, en »voyant MM. l'archevesque de Sens et l'évesque de Cominges

______

(1) Au château de Gondrin dans le diocèse d'Auch.

(2) Bosquet ne manqua M. de Choiseul que de quelques jours seulement. Le 20 février, l'évêque de Cominges assistait encore aux Etats. Les procès-verbaux des délibérations nous le montrent, en effet, prenant la parole, ce jour-là, pour demander aux députés du Languedoc, au nom du roi, au nom du duc d'Orléans et du prince de Conti, de ne point oublier dans la répartition de leurs largesses la malheureuse Henriette-Marie de France, veuve de l'infortuné Charles Ier, chassée d'Angleterre à la suite de l'usurpation de Cromwell. (Voir les procès-verbaux des délibérations. Arch. départ. Reg. de l'année 1655.)

»de les persuader de faire dans leurs diocèses une nouvelle
»publication pure et simple de la bulle du Pape contre Jan-
»sénius, et une révocation de ce qui est escrit dans leurs
»premières lettres contre l'autorité du Saint-Siège. J'avois
»espéré de voir dans cette ville M. de Cominges, à cause de
»nos Estats, et M. de Sens, sur son passage, et m'étois disposé
»à leur dire, plus précisément que je ne leur avois escrit, les
»derniers sentiments du feu Pape sur leur affaire, et les
»moyens qu'ils avoient de se tirer avec honneur de cet
»embarras ; mais ny l'un ny l'autre ne sont pas venus icy.
»Ainsi je n'ay peu ny leur faire cet office, ny exécuter l'ordre
»de Sa Sainteté contenu dans la lettre de M. le Nonce.

»Peut-estre que M. de Cominges viendra en cette ville
»avant mon départ ; car Mgr le Prince de Conti l'a mandé
»pour accommoder quelque affaire que sa famille a avec celle
»de M. l'évesque de Viviers, et, en ce cas, je ne manquerai
»pas à luy dire la vérité de toutes choses pour ce regard, et
»tascheray de le persuader de donner au Saint-Siège la satis-
»faction que l'on demande. Et bien qu'il semble que la mort
»du Pape doive suspendre l'exécution de ses ordres, j'es-
»time néanmoins que, la chose regardant la foy et l'autho-
»rité du Saint-Siège, le Pape successeur ne démordra pas
»d'aucun point de ce qu'Innocent X a ordonné pour ce re-
»gard, car pour la décision de la doctrine, ce seroit un grand
»scandale pour l'unité de la Communion catholique, si un
»successeur touchoit à ce qui a esté déjà establi (1). Il est à
»craindre mesme que si le successeur n'est pas plus amy de
»nostre nation que le prédécesseur, et qu'il soit aussy aus-
»tère que luy, qu'il ne veuille, pour establir sa réputation,

---

(1) Ce scandale ne s'est jamais produit. La possibilité même en est
inadmissible, l'infaillibilité doctrinale étant une des prérogatives du
Siège apostolique. C'est là sans doute ce que Bosquet a voulu dire.

»sanctifier les commencemens de son pontificat par une
»action d'authorité et par une opinion de fermeté et de jus-
»tice.

»Ainsi, ces prélats feroient bien, à mon avis, d'achever
»cette affaire de la meilleure manière qu'ils pourroient, afin
»qu'un nouveau Pape ne trouve rien à faire. C'est néan-
»moins une simple conjecture de ce qui peut arriver ; comme
»il peut se faire au contraire qu'un Pape plus amy de la
»France et d'un naturel plus bening (1) adoucira les satis-
»factions que la Cour de Rome demande à ces prélats, ce que
»je n'estime pas et croy qu'il y a plus à craindre qu'à espé-
»rer pour eux.

»Je va faire un tour dans mon diocèse, attendant le retour
»du courrier que M. le Prince a envoyé à la Cour pour sa-
»voir les dernières résolutions sur le don gratuit accordé
»par les Etats (2) et me rendray icy le 16° de ce mois, au-

(1) Bosquet a voulu écrire *moins ferme* sans doute. Il ne pouvait
entrer dans sa pensée d'accuser Innocent X de s'être montré trop
sévère vis-à-vis des Jansénistes. S'il y avait chez ce Pape plus de
modération que de vraie douceur, sa bonté d'âme n'était pas contesta-
ble, quoique voilée sous des dehors parfois un peu raides. La vérité
est que, lorsqu'il avait cru devoir prendre une mesure, il entendait
être obéi : parfaitement calme du reste, patient et sachant attendre,
on ne pouvait lui reprocher aucune rigueur. Les considérations per-
sonnelles ne l'avaient jamais emporté dans ses décisions sur la justice,
et comme ces décisions, il ne les avait jamais prises non plus sans y
avoir longuement réfléchi, il avait tous les droits du monde d'en
exiger l'exécution. Il était ferme ; c'est une qualité indispensable à
ceux qui gouvernent, mais nous ne voyons pas que cette qualité ait
exclu chez lui la bienveillance.

(2) Les Etats venaient d'accorder au Roi un don gratuit de 1.600.000
livres, en stipulant toutefois des conditions dont la non-acceptation
devait rendre nul le vote de cette somme. Ainsi ils avaient demandé
que, en échange de ce don, on n'établit en Languedoc, durant toute
l'année 1655, ni cantonnements, ni quartiers d'hiver, et qu'on n'y fît
pas de recrues. 300.000 livres devaient être retenues sur la somme
totale pour servir au paiement des communautés qui auraient supporté
la charge des logements militaires. Enfin, des édits bursaux, contrai-

»quel nostre assemblée provinciale est convoquée, pour la
»députation à la générale ; et j'espère de partir, avec l'ayde
»de Dieu, comme député, quatre ou cinq jours après, pour
»me rendre auprès de vostre Eminence. Cependant, je luy
»souhaite toute sorte de prospérité et demeure Monseigneur
»vostre très humble, très respectueux et très fidèle servi-
»teur.

François Bosquet, évêque de Lodève (1).»

Au point où étaient les choses, on concevrait difficilement
des vues plus sages. Ni récriminations, ni aigreur dans cette
lettre. Etranger aux passions qui en eussent poussé bien
d'autres aux partis violents, inaccessible aux colères que ne
pouvait manquer de soulever dans une portion notable de
l'épiscopat la résistance de trois ou quatre évêques, Bosquet
se garde bien de lancer contre ceux-ci un anathême, ni de
les désigner aux foudres du pouvoir civil. L'entente qu'il n'a
pu établir encore par ses lettres, et à laquelle il semble bien
que MM. de Sens et de Cominges, en se dérobant à une
entrevue demandée et fixée par lui, n'étaient pas merveilleusement disposés à se prêter, il espère l'obtenir de la haute
influence et de l'autorité persuasive de Mazarin ; et le langage qu'il tient au ministre, en cette rencontre, s'inspire
autant des motifs les plus raisonnables que des principes de
la plus exquise charité.

Il était permis de penser d'ailleurs que M. de Gondrin, en
prolongeant sa résistance, obéissait à des rancunes qu'il
fallait travailler avant tout à assoupir : on ne devait rien
gagner à le brusquer. Certains démêlés qu'il avait eus avec

res aux privilèges et aux usages de la province ne pouvaient être promulgués dans ses enclaves. Les députés en cour apportèrent aux
Etats la réponse que Sa Majesté acceptait la don gratuit aux conditions
formulées par la province. (V. Arch. dép. Procès-verbaux des délibérations des Etats de Languedoc. Reg. de l'année 1655.)

(1) Biblioth. nat, M. SS. F.R. fonds, Baluze, 122, fol. 114 et 115,
Cette lettre n'est qu'une copie, même pour la signature.

quelques religieux exempts de son diocèse, au sujet de sa juridiction et de ses droits épiscopaux, n'avaient pas eu en Cour de Rome la solution qu'il attendait, et que les décisions de plusieurs assemblées générales du clergé de France, dans des questions de même nature, lui donnaient le droit d'espérer. Rome, à vrai dire, ne s'était pas prononcée contre lui, mais elle n'avait rien décidé non plus contre les religieux qui avaient fait appel à son jugement. Il en était résulté pour l'archevêque de Sens une situation très pénible et dont son amour-propre ne pouvait que beaucoup souffrir.

Quelques détails sur cette affaire seront ici à leur place ; d'autant mieux qu'il entra dans la mission conciliatrice de l'évêque de Lodève de s'en occuper. On nous permettra seulement de reprendre les choses d'un peu haut ; car, après le Jansénisme, il n'y eut pas de question plus grave, ni qui soulevât des passions plus vives, que celle des exemptions, en vertu desquelles nombre de réguliers prétendaient échapper de tous points à la juridiction des évêques.

Dans le principe, les moines étaient pleinement soumis à l'autorité de l'évêque. Celui-ci exerçait sur eux tous les droits de sa juridiction. Il confirmait l'élection de leurs supérieurs, les choisissait quelquefois lui-même. Il connaissait des causes civiles et criminelles des religieux, et pouvait destituer leurs abbés quand ils le méritaient (1).

Un tel état de choses n'avait pu durer pourtant sans donner lieu à quelques abus. Certaines communautés religieu-

____

(1) Un canon du Concile de Vernon reconnaît parfaitement aux évêques ce droit de répression et de correction vis-à-vis des réguliers : «Unusquisque episcoporum habeat potestatem in sua parochia, tam de clero quam de sœcularibus et regularibus, ad corrigendum et emendandum secundum ordinem canonicum et spiritualem, ut sic vivant qualiter Deum placare possint.» (Conc. de Vernon, can. 3.)

ses, ici et là, eurent à se plaindre d'excès de pouvoir commis par quelques prélats de tempérament despotique et brouillon. Les papes alors avisèrent: ils fixèrent des limites à la juridiction épiscopale, mais seulement pour tout ce qui avait trait au gouvernement intérieur, au *regimen proprium* de ces communautés; car, en dehors de ces limites, la juridiction épiscopale gardait son intégrité la plus absolue.

La mesure prise d'ailleurs était extrêmement sage. Les ordres religieux se développant et formant des établissements dans divers diocèses, on ne pouvait songer à les abandonner à la direction particulière de chacun des évêques sur le territoire duquel ils se trouvaient. Leurs statuts, soumis à l'approbation de l'Eglise universelle, entraient dans les règles générales du droit-canon, et il n'était loisible à aucun évêque d'y porter atteinte.

Vint le XIIIe siècle, un des plus troublés de notre histoire, les ordres mendiants rendirent alors à l'Eglise les plus grands services. Les souverains pontifes crurent devoir, en échange, et pour faciliter leur apostolat, ajouter à leurs privilèges; ils les déclarèrent exempts de la juridiction épiscopale pour le ministère de la parole et l'administration des Sacrements, et dépendants uniquement du Saint-Siège pour ce double office.

Le malheur était que ces exemptions nouvelles, pleinement justifiées sans doute par les circonstances, au temps où elles se produisirent, ne pouvaient manquer d'occasionner à la longue de graves conflits. Presque tous les autres religieux se montrèrent également jaloux de les posséder; ils les obtinrent. Elles furent convoitées même par des chapîtres auxquels on ne les refusa pas toujours. C'est ainsi que l'on vit se manifester plus ou moins un peu partout cet esprit d'indiscipline contre lequel saint Bernard prévenait les moines de son temps et qu'il appelait l'*ambition de secouer le joug. Ambitio impatiens subjectionis* (1).

Les évêques multiplièrent les protestations, c'était leur devoir. Ils ne se dissimulaient point que souffrir plus long-temps de tels abus, c'était souscrire à la ruine de la hiérar-chie à courte échéance. Le Concile de Trente en entreprit vigoureusement la réforme ; il s'appliqua à réduire les pri-vilèges à leurs anciennes limites, et pour ne mentionner ici que ceux de ses arrêts qui concernent la prédication et le sacrement de Pénitence, il décida que «nul séculier, ni régu-»lier ne pourrait désormais remplir ces fonctions sans l'ap-»probation de l'évêque (2).»Pie V, un peu plus tard, renou-vela ces mêmes défenses (3). Malheureusement, le pli était pris ; et c'est en vain que Grégoire XV avait édicté, en 1622, une constitution reconnaissant aux évêques le droit de punir les religieux qui contreviendraient aux règlements du der-nier concile ; les abus n'avaient pas cessé pour cela.

Urbain VIII avait envoyé en Angleterre Richard Smith, évêque de Chalcédoine, et il l'avait institué, par un bref en date du 5 février 1625, évêque délégué du Saint-Siège apos-tolique pour le gouvernement des catholiques de ce Royaume, lui conférant d'ailleurs la même puissance

---

(1) S. Bernard (de consideratione).

(2) Nullus sœcularis, sive regularis, *etiam in ecclesiis suorum ordi-num*, contradicente episcopo (Concil trid., sess. 24, cap 4). Dans les églises de leur ordre les religieux peuvent bien prêcher, avec la per-mission de leurs supérieurs, mais cette permission est soumise encore au bon plaisir de l'évêque. Cette approbation de l'évêque n'est pas seulement un jugement doctrinal sur les capacités et les qualités re-quises. C'est aussi, c'est surtout un jugement d'autorité et de juridic-tion. Il faut donc obtenir de l'évêque dans chaque diocèse des appro-bations particulières. (V. les mémoires du Clergé, t VI, col. 1372 et suiv.)

(3) Bulle du 5 août 1571.

qu'aux ordinaires (1). Or, il y avait en Angleterre, depuis de longues années déjà, des Réguliers, Jésuites et autres, des Jésuites surtout, pour qui les récentes constitutions amoindrissant leurs privilèges étaient lettre-morte, et qui, sans plus de formalités, continuaient à remplir les fonctions dont l'exercice devait être cependant soumis à l'approbation renouvelable de leur évêque. Richard Smith était un réformateur. Esprit entier, absolu, d'humeur cassante, il ne sut pas employer dans la revendication de ses droits ces tempéraments, ces demi-mesures que le tact et la prudence conseillent : il fut violent. Mal lui en prit; les Jésuites se retirèrent avec éclat de son obéissance ; les catholiques, de leur côté, témoins des rigueurs extrêmes dont ces religieux étaient l'objet, et n'en saisissant pas bien les motifs, se déclarèrent hautement pour eux. Les choses allèrent bientôt si loin, que le vicaire apostolique, ne se croyant plus en sûreté en Angleterre, vint chercher un refuge en France, où Richelieu s'empressa de lui offrir une hospitalité généreuse et une pension (2).

La répression des abus fut toujours une œuvre difficile. Elle peut coûter bien cher à ceux qui s'y appliquent, s'ils oublient que la fermeté n'exclut ni la modération, ni la patience. On ne brise pas du jour au lendemain avec le passé. Vouloir imposer des réformes par des façons d'agir hautaines et despotiques, c'est courir à d'inévitables échecs. Richard Smith ne l'apprit que trop tard à ses dépens. A Rome ses procédés furent trouvés excessifs et le Saint-Siège le désavoua.

---

(1) Hist. Eccl. du XVIIᵉ s., t. 1, p. 470. — Histoire des contestations entre l'Evêque de Chalcédoine, délégué du Saint-Siège en Angleterre, et quelques réguliers d'Angleterre.

(2) *Ibid.*, p. 473.

Les principes qu'il avait si maladroitement défendus n'en gardaient pas moins toute leur force. Le 12 septembre 1628, une bulle d'Urbain VIII abrogeait entièrement la Clémentine *Dudum de sepultura*, que les religieux mettaient en avant pour soutenir leurs privilèges. Cette bulle établissait dans les termes les plus précis et les plus forts le droit d'approbation des évêques (1).

En France, ces querelles d'Outre-Manche firent grand bruit. Les jésuites, et avec eux les Réguliers qui s'étaient donné les mêmes torts, essayèrent bien de se justifier ; mais leurs écrits furent censurés à la fois par la Sorbonne (2) et par l'assemblée générale du clergé qui du reste s'était déjà prononcée en 1625 contre les diverses exemptions qu'ils revendiquaient. Ils répondirent à cette censure par des libelles dont un surtout est resté fameux sous le titre de *Spongia* (3). François Hallier, docteur de la Faculté de Paris, fit à ce libelle une vigoureuse réplique (4), et bientôt après parurent les ouvrages connus sous le nom de *Petrus Aure-*

(1) « Omnia et singula indulta audiendi sœcularium confessiones » absque ordinarii examine, quibusve collegiis, capitulis, religiosis, » societatibus *etiam societati Jesu* revocamus, cassamus... » Bulle du 12 sept. 1628.

(2) Séance du 25 février 1631.

(3) Eponge pour effacer les calomnies imposées aux livres de l'*Apologie du Saint-Siège* et de la *Modeste et courte discussion de quelques propositions du docteur Kellison*. (Le docteur Kellison avait fait un traité de la *Hiérarchie ecclésiastique*, tout en faveur de l'évêque de Chalcédoine). Le *Spongia* fut suivi d'un autre livre intitulé *Apologétique de l'Eglise anglicane*. Ces deux ouvrages portaient le nom d'Herman Loëmelius, d'Anvers, licencié en théologie, chanoine théologal de Saint-Omer. En réalité ils étaient de Jean Floïd, jésuite, professeur en théologie à Saint-Omer, auteur de l'*Apologie du Saint-Siège*, qu'il avait signée du nom de *Daniel of Jesu*.

(4) Il publia la *Défense de la hiérarchie ecclésiastique et de la censure de la Faculté de théologie de Paris* contre l'*Eponge* d'Herman Loëmelius. Ce livre fut imprimé à Paris, en 1632. (V. pour les ouvrages que nous citons ici, et pour d'autres qui parurent à cette époque, l'Hist. eccl. du XVIIe s., p. 472, 473, 474, 475, etc.

lius (1), malheureusement plus funestes qu'utiles à la cause qu'ils avaient la prétention de servir.

L'écrivain passionné et haineux dépassa le but par ses violences. Il accabla l'ordre entier des Jésuites des traits les plus méchants et les plus injustes, et, sous couleur de maintenir les prérogatives de l'épiscopat, il exalta tellement sa puissance, que le pontife de Rome ne pouvait plus avoir dans ses conclusions qu'une autorité diminuée et amoindrie(2). On n'eut pas lieu d'en être surpris quand on sut que cet écrivain qui se dérobait opiniâtrément sous le voile de l'anonyme n'était autre que Duvergier de Hauranne, le trop célèbre abbé de Saint-Cyran. Il entrait, en effet, dans les plans du second patron du Jansénisme, ainsi que nous l'avons observé déjà, de flatter le plus possible les évêques, pour faciliter les voies à la secte. Il y réussit au-delà même de ce qu'il pouvait espérer. Les évêques donnèrent pleinement dans son jeu. Trompés par l'anonymat, ils firent au *Petrus Aurelius* les honneurs d'une solennelle approbation, et ils votèrent à plusieurs reprises des remerciements et des éloges à son auteur (3).

(1) Petri Aurelii theologi opera. — C'est une série d'écrits dont on forma, sous ce titre, un gros volume in-fol.

(2) « Ecrit d'un style véhément, *Aurelius* se répand trop en injures, »en reproches, non seulement contre l'auteur de l'*Eponge*, mais »contre ceux de son ordre. Il traite rarement les matières à fond et »n'est pas toujours exact dans ses décisions », ainsi le juge (t. I, p. 573) l'auteur de l'*Histoire ecclésiastique du XVIIe siècle* qui n'est pas suspect. Sainte-Beuve dans son *Port-Royal* (t. I, p. 368) porte sur le fond doctrinal de ce livre une appréciation des plus judicieuses et qui en révèle les tendances fort peu orthodoxes. V. le livre de Mgr Ricard. *Les premiers Jansénistes*, p. 56.

(3) En 1635, *Aurelius* fut imprimé aux dépens du clergé. L'Assemblée de 1641 décida qu'il en serait fait une nouvelle édition in-folio et en beaux caractères par Vitré, son imprimeur, et «qu'on en enverroit deux exemplaires à chacun des archevêques et évêques du Roïaume, un à chacun des députés du second ordre, et une cinquantaine aux personnes de lettres. » (V. les procès-verbaux des Assem-

Ils commirent là une faute énorme. Quand on a le droit pour soi, c'est s'exposer à le perdre que de ne pas savoir se retrancher dans ses limites ; et rien n'est préjudiciable aux meilleures causes comme de les défendre avec excès. Comment les prélats de France ne virent-ils pas que d'accueillir avec autant d'enthousiasme les écrits d'*Aurelius*, c'était faire aux Réguliers de tous les ordres la partie belle.

Ceux-ci n'auraient, en effet, qu'à se prévaloir de cet enthousiasme pour déplacer le droit de leur côté, sinon absolument, du moins dans une bonne mesure, et quelque répréhensibles qu'ils eussent été dans le principe, Rome ne pouvait plus les condamner maintenant, de peur de paraître approuver du même coup les opinions risquées et les fâcheuses tendances que révélaient les écrits du défenseur anonyme des prérogatives épiscopales. On le voit, la question si simple au début était désormais embrouillée à plaisir. Rome n'estima pas qu'il fût opportun pour elle de se prononcer et jusqu'à ce que les esprits de part et d'autre fussent devenus plus calmes, elle décida de rester neutre. Les Réguliers malheureusement ne manquaient pas d'interpréter en leur faveur cette attitude, et les contestations allèrent leur train.

C'est alors que l'Assemblée générale de 1645 renouvela d'une façon plus expresse et plus solennelle toutes les déclarations et prescriptions qu'avaient publiées les Assemblées précédentes et enjoignit à tous les religieux du Royaume de rentrer dans le droit commun (1).

blées, t. III). En 1645, on en ordonna encore une troisième édition, et un prélat provençal, l'évêque de Grasse, Godeau, fut chargé par le clergé de France de faire l'éloge d'*Aurelius* et de son écrivain inconnu.

(1) Voici la somme des règlements qu'elle édicta: Les Réguliers devaient se nantir d'une approbation de l'ordinaire, pour entendre les confessions des fidèles, absoudre des cas réservés à l'évêque, ou

Telle était la situation en France, lorsque les Réguliers du diocèse de Sens, commencèrent à avoir des démêlés avec leur archevêque.

M. de Gondrin, rentré de Paris, avait signifié aussitôt à tous les religieux établis sur son territoire qu'ils eussent à se conformer aux prescriptions de la dernière assemblée générale, pour tous les cas où l'approbation de l'ordinaire avait été reconnue par elle indispensable ; et, en ce qui concernait le sacrement de pénitence notamment, il leur fit défense d'entendre, pendant la quinzaine de Pâques, les confessions des fidèles, si les pénitents ne se présentaient à eux munis d'un billet attestant qu'ils avaient obtenu l'autorisation de leur curé (1). Tous les réguliers se soumirent, paraît-il, à cette

des cas d'irrégularité et prêcher même dans leurs propres églises. Ils ne pouvaient sans cette approbation exposer le Saint-Sacrement, ni reliques, ni aucune statue nouvelle de saint. Cette approbation leur était nécessaire pour ériger dans leurs chapelles de pieuses associations ou confréries. L'Assemblée reconnaissait aux évêques le droit de visite dans les églises des religieux et dans les monastères de femmes, celui d'examiner leurs novices avant leur profession, de présider à l'élection de leur supérieure, etc., etc. Elle confirma d'autres ordonnances anciennes, relatives à la confession et à la communion pascales et à la messe paroissiale à laquelle tous les fidèles étaient tenus d'assister, de trois dimanches l'un, sous peine de censures ecclésiastiques (art. 111). Elle restreignit aussi, par la même occasion, les priviléges des chapitres. Elle leur refusa le droit de faire des mandements, de publier de nouveaux offices, etc. etc., (V. la déclaration de l'Assemblée générale du clergé de France sur ce qui est à observer, sous la conduite de Nosseigneurs les évêques, par les Réguliers et autres exempts. — Mémoires du clergé de France, t. VI, p. 123 et suiv.)

(1) Cette condition peut nous paraître aujourd'hui bien rigoureuse. La pratique en était cependant générale en France, à cette époque. Il suffit pour s'en convaincre de lire les procès-verbaux des assemblées du clergé (V. en part. le tome III pièces justif. p. 35) ; on s'en tenait alors à la lettre de ce fameux décret du concile de Latran : « Omnis »utriusque sexus fidelis, postquam ad annos discretionis pervenerit, »omnia sua solus peccata saltem semel in anno fideliter confiteatur *pro-* »*prio sacerdoti*... Si quis autem alieno sacerdoti voluerit, de justa »causa, sua confiteri peccata, licentiam prius postulet et obtineat à *pro-* »*prio sacerdote* cum aliter ipse illum non possit absolvere vel ligare,

ordonnance. Les jésuites seuls se récrièrent ; mais, après une opposition qui dura peu, ils se résignèrent à faire ce qu'avaient fait les autres : ils se rendirent. C'était en 1649. L'année suivante, la quinzaine de Pâques approchant, l'archevêque de Sens rappela à toutes les communautés religieuses de son diocèse les règlements qu'elles avaient déjà acceptés. Cette fois, les Jésuites, dont le personnel avait été renouvelé en grande partie depuis un an, déclarèrent que ceux qui les avaient précédés avaient été blâmés par leurs supérieurs, pour leur trop

(Concil. Later. IV, cap. *Omnis utriusque sexus*, 12, de Pœnitentia) et l'on n'entendait pas différemment ces autres paroles du concile de Trente : «Episcopi, distincto populo in certas propriasque parochias, unicuique »suum perpetuum peculiaremque parochum assignent, *a quo solo sacra-* »*menta licite percipiant.*» (Conc. trid. sess. XXIII, 13). A Rome on interprétait d'une façon plus large il est vrai, et bien plus favorablement à la liberté de chacun, ces passages des deux Conciles. Dans le *proprio sacerdoti* du décret de Latran, il était permis de voir tout prêtre approuvé. Ainsi l'avaient résolu plusieurs décisions des souverains pontifes, avant et après le concile de Trente ; et Saint Liguori devait donner un jour sur ce point la vraie doctrine de l'Eglise : «Fideles libere se pos- »sunt confiteri cuicumque confessario approbato, et hoc etiam tempore »paschali, et invito parocho. *Proprio sacerdoti* intelligendum, omni »sacerdoti qui ab ordinario est approbatus, et hoc, saltem ex præsenti »universali consuetudine, hodie certum est, quidquid antiqui aliter dixe- »rint.» (S. Lig. Tract de Pœnit). Mais en France on devait garder longtemps l'interprétation rigoureuse du décret de Latran, et la maintenir, au moins comme principe, même quand elle serait devenue absolument inapplicable. C'est ainsi que dans la première moitié de ce siècle, nos évêques croyaient devoir mentionner encore dans leurs mandements la permission de se confesser à d'autres qu'au curé. En tout cas, la coutume universelle sur laquelle devait s'appuyer plus tard saint Liguori était loin d'avoir prévalu en 1650. Aux yeux des évêques, l'autorisation du curé, pour la confession annuelle hors de la paroisse, n'était qu'une pure formalité sans doute. Les curés devaient accorder sans difficulté toute permission qui leur serait demandée à cet égard ; mais cette formalité, ils l'estimaient nécessaire, et ils y tenaient, parce qu'elle était la reconnaissance d'un droit. Elle faisait corps avec tous les autres règlements qu'ils avaient établis en vue de préserver la vie paroissiale des atteintes dont les empiétements progressifs des religieux la menaçaient. Est-ce que ces mêmes religieux n'en étaient pas venus à écrire et à soutenir des propositions du genre de celle-ci, savoir : « que personne n'était tenu en conscience à

grande condescendance; qu'il ne leur était pas loisible de faire table rase des exemptions dont la compagnie avait le privilège; que les pouvoirs qu'ils avaient reçus directement du Saint-Siège ils n'avaient pas à les demander à leur archevêque et conséquemment que, malgré tout le respect qu'ils avaient pour sa personne, ils étaient dans l'impossibilité de lui obéir (1). M. de Gondrin, très résolu à ne point céder, réitéra ses ordres jusqu'à trois fois. Il y perdit son temps et sa peine, si bien que, à bout de patience, il interdit la confession —

»assister aux offices de sa paroisse ni à y entendre la messe parois-
»siale ou la parole de Dieu....»? «Nullus in foro conscientiœ parochiœ
»suæ interesse tenetur, nec ad annuam confessionem, nec ad missas paro-
»chiales, nec ad audiendum verbum Dei, divinam legem, fidei rudi-
»menta morumque doctrinam quœ ibi in catechesibus annuntiatur
»et docetur. Talem legem nec episcopi, nec concilia nationum sancire
»possunt.» (Art. 77 et 78 des propositions des Réguliers d'Angers censurées par l'assemblée générale du clergé (1656). V. les procès-verbaux
t. IV). Ces opinions des reguliers devaient être soumises trois ans plus
tard au jugement du souverain pontife. Or, Alexandre VII, tout en
reconnaissant qu'en elles-mêmes ces opinions étaient erronées et
téméraires, déclara que, vu les privilèges apostoliques qu'elles suppo-
saient, elles ne méritaient aucune censure. «Inquisitio Romana, pro-
»bante Pontifice, respondit hanc propositionem, quo ad primam et secun-
»dam partem simpliciter acceptas, esse quidem erroneam et temerariam,
»sed suppositis privilegiis apostolicis nullam mereri censuram.» V.
Manuale juris can. Auch. Lequeux, t. 11, p. 200). Les évêques de France
n'en étaient que plus décidés à combattre ces privilèges dont la conséquence forcée était d'entraîner un peu partout une diminution de la
vie paroissiale. Ils ont eu tort depuis contre la coutume. Le courant
contre lequel ils résistaient était plus fort qu'eux : il les a emportés
avec leurs ordonnances. On ne peut nier toutefois que l'extrême
facilité laissée aux fidèles sous ce rapport ait engendré de véritables abus. Beaucoup de chrétiens, dans les classes élevées surtout, ne connaissent presque plus le chemin de leur paroisse. La mode
est intervenue pour faire des chapelles le rendez-vous d'un monde
choisi, tandis que la paroisse est abandonnée, pour ainsi dire, aux
petites gens. En quoi la religion a-t-elle bénéficié de cette scission?
nous posons la question sans la résoudre. A ne juger les actes des évêques de l'ancienne France que par nos idées, on peut les trouver
sévères; mais si on considère le but qu'ils voulaient atteindre, franchement, qui donc ne reconnaitra que leur sévérité avait du bon?
  (1) V. procès-verbaux des assemblées du clergé, t. III, p. 197.

aux Jésuites. Ceux-ci ne se tenant pas pour battus, firent appel au Saint-Siège pardevant le lieutenant-général, et, en attendant la réponse de Rome, ils continuèrent à confesser comme auparavant (1).

L'Archevêque de Sens eût-il eu tous les torts du monde dans cette question, il était un point certain cependant et que les Jésuites ne pouvaient nier. C'est que, l'approbation de leur ordinaire cessant, il ne leur était plus permis d'administrer le sacrement de Pénitence. Qu'ils en appelassent à Rome pour une interdiction qu'ils croyaient mal fondée et arbitraire : rien de plus juste. Les évêques, en effet, ne sauraient être omnipotents sans contrôle, et le chef de l'Église a mission pour réprimer les écarts de leur autorité, s'il leur arrivait de trop oublier qu'ils sont pères avant d'être pontifes. Mais jusqu'à la sentence du tribunal suprême auquel ils s'en étaient remis, les jésuites de Sens n'avaient qu'une chose à faire : se soumettre. Ils n'eussent perdu à obéir aucun prestige, et leur cause n'en fût pas devenue pour cela plus mauvaise.

La passion, en vérité, est une bien dangereuse conseillère. Les Jésuites se mirent à dos tout le clergé du royaume. Rome, en face de cette surexcitation des esprits, n'osa pas absolument les soutenir ; et comme elle trouvait à reprendre, d'autre part, dans les exigences de M. de Gondrin, elle se tut. Pendant ce temps, ce dernier voyait s'accroître les difficultés dans son diocèse. Les pères capucins avaient fait leur petite révolution, à l'imitation des Jésuites, et comme eux, punis et interdits par leur archevêque, ils s'étaient adressés au Pape.

(1) *Ibidem.*

Les choses en étaient encore là, en 1654, au moment où Bosquet s'occupait à hâter de son mieux auprès d'Innocent X la solution de la grande querelle Janséniste.

Il fut prié d'intervenir aussi dans cette affaire. De Marca lui écrivait à ce sujet :

«. . Ce seroit une action digne de vostre piété de procu-
»rer le repos de la France, en prenant l'occasion de l'appel
»des capucins contre M. de Sens, par le moyen d'un règle-
»ment général que Sa Sainteté pourroit faire par un bref. Il
»y a quatre chefs qui sont disputez : 1° la limitation des appro-
»bations ; 2° les confessions de la quinzaine de Pasques ; 3° les
»confessions des malades qui doivent recevoir le viatique ;
»4° les cas réservez.

»Pour le premier cas, c'est le plus important de tous
»parce que, le temps estant expiré, on n'est pas en peine de
»disputer, si l'on peut révoquer l'approbation. Elle est finie.
»C'est au régulier de se pourvoir par devant l'évesque.
»L'usage de ces limitations est dans Rome, en Italie, en Espa-
»gne. Il est confirmé par les déclarations des congrégations
»et par brefs. Barbosa en rapporte deux pour quelques
»églises d'Espagne.

»Il faudroit déclarer que les évesques, chacun dans son
»diocèse, en donnant les approbations, tant aux séculiers
»qu'aux réguliers, peuvent les restreindre à certains temps,
»à certains lieux, à certaines personnes et à certaines matiè-
»res, suivant qu'ils jugeront à propos pour la bonne con-
»duite de leurs diocèses : que les absolutions soient *nulles*, si
»elles sont données par les approuvez, soit séculiers ou ré-
»guliers, au préjudice des restrictions et limitations ; que, le
»temps de l'approbation estant expiré, ils ne peuvent absou-

»dre *valablement* sans avoir reçu une approbation nouvelle »de l'évesque au diocèse duquel ils confessent (1).

»Pour la confession de Pasques, il faut la permission du »curé pour s'adresser à un autre prêtre, laquelle d'ailleurs »ne sera pas refusée. »

Après avoir dit, touchant le viatique, que nul ne pouvait le porter aux malades sans la permission du curé ; qu'il était nécessaire d'exiger du confesseur de ces mêmes malades un billet attestant que ceux-ci avaient reçu le sacrement de pénitence (2), il ajoutait au sujet des cas réservés :

« On doit déclarer, suivant diverses déclarations de la con- »grégation, mesme celle de 1628, que les réguliers ne peu- »vent absoudre des cas réservez à l'évesque, en vertu des »privilèges, soit qu'ils leur aient esté accordés avant ou après »le Concile de Trente, et que les absolutions qu'ils donnent »au préjudice de cette réservation sont nulles (3), *excepto* »*mortis articulo...* »

Ces quatre points n'étaient pas les seuls en litige. De Marca terminait sa lettre à Bosquet par ces mots :

« Les capucins ne veulent point souffrir d'estre examinez »par les évesques, pour la prédication. Il faudroit faire régler »cela (4). »

(1) De Marca se laissait ici entraîner bien loin, ce nous semble. L'Eglise ne fut ni ne voulut jamais être aussi sévère dans la pratique. Quand un prêtre passe publiquement pour avoir un titre réel, cano- nique et valide, de quelque vice occulte que soit infecté ce titre, fût- il entaché de simonie, elle supplée toujours la juridiction qui manque au confesseur. Sur ce point tous les docteurs sont d'accord. Ils ensei- gnent unanimement qu'un *titre coloré*, joint à une erreur générale, con- fère la juridiction à celui qui le possède, soit que celui-ci connaisse, soit qu'il ignore la nullité de ce titre. Et la raison qu'ils en donnent, c'est que l'Eglise, voulant procurer avant tout les moyens de salut aux fidèles, a égard à la bonne foi des pénitents.

(2) L'assemblée générale de 1655 devait exprimer simplement le vœu que la confession des infirmes fût entendue par le curé de la paroisse (V. t. IV des Procès-Verb.).

(3) Les observations que nous avons faites plus haut sont appli- cables ici également.

(4) Lettre du 24 avril 1654, déjà citée; cette lettre a été publiée dans le chap. 2.

L'intervention de Bosquet dans cette question des Réguliers fut malheureusement loin d'être aussi heureuse que
dans l'affaire du Jansénisme. Le Pape n'était certes pas satisfait des religieux ; mais il était également mécontent du
clergé de France dont l'adhésion solennelle, en plusieurs de
ses assemblées, aux opinions d'*Aurelius,* constituait à ses
yeux une grave injure pour l'autorité pontificale. Nous avons
dit ailleurs, on s'en souvient, les raisons qui le déterminèrent
alors à rester neutre (1).

Contre le parti-pris absolu d'Innocent X d'attendre, pour
se prononcer, que religieux et évêques fussent revenus chacun de leur côté à une plus juste appréciation des choses, il
fut impossible à Bosquet de rien obtenir.

«Pour l'affaire des Réguliers, écrivait-il dans sa lettre du
»22 juin à de Marca, je ne crois pas qu'on puisse avancer
»beaucoup, le Pape s'en estant expliqué assez clairement à
»moy, *quoyque d'ailleurs il ne soit pas fort favorable aux*
»*Réguliers.* Néanmoins, ayant reçu les ordres de Messei-
»gneurs, je les exécuterai avec pontualité (2). »

Après avoir vainement attendu à Montpellier l'archevêque
de Sens et l'évêque de Cominges, Bosquet, ainsi qu'il l'annonçait à Mazarin dans sa lettre du 3 mars 1655, était re-
tourné à Lodève ; mais il n'y était resté que fort peu : le
temps d'expédier les affaires urgentes, de conférer probablement les ordres à de jeunes clercs (3), et de pourvoir d'une

(1) V. ci-dessus, à la pag. 92.
(2) Lettre du 22 juin déjà citée, au chap. II.
(3) Le registre des ordinations du fonds de l'évêché de Lodève, malheureusement incomplet, ne nous a point permis de vérifier l'exactitude de cette assertion qui reste à l'état d'hypothèse probable, mais
d'hypothèse. Les dernières ordinations attribuées à Bosquet portent
sur le registre la date du 12 février 1655. Ce jour-là même il ne con-
féra guère que la tonsure cléricale à quelques sujets. Voici d'ailleurs

façon convenable à l'administrafion de son Eglise pendant toute la durée de l'assemblée générale, à laquelle ses collègues du Languedoc, il en était prévenu, allaient lui faire l'honneur de l'envoyer comme député. Puis il avait dit adieu à ses prêtres, ne se doutant point qu'il lui faudrait céder bientôt à un autre le soin de les diriger et de les conduire. A trois ou quatre mois de là, en effet, Bosquet, que sa capacité et ses mérites désignaient depuis longtemps pour un plus grand siège, était placé à la tête de l'illustre Eglise de Montpellier, une des importantes et des plus en vue dans le royaume, pour l'éclat dont l'entouraient les lettres, les sciences et les arts qui avaient grandi sous sa tutelle et sous la protection de ses Pontifes. Il dut arriver à Paris dans les premiers jours du mois d'avril.

Mazarin l'attendait avec impatience, désireux qu'il était de tenir de sa propre bouche des détails complémentaires concernant la double mission diplomatique et religieuse qu'il lui avait confiée auprès du Pape. D'ailleurs, les agissements du Jansénisme inquiétaient sérieusement le cardinal-minis-

le texte que nous avons relevé : «Die decima quarta mensis februarii »anni 1625, Illustriss. et Rev. D. episcopus, in oratorio religiosarum »sanctœ Ursulœ Lodovœ clericalem tonsuram contulit nobili Gabrieli de »Clermont du Bosc, filio legitimo et naturali D. Gaspardi de Cler-»mont vice comitis du Bosc et X. . de Roquefeuil, conjugum. Eodem »die et loco.., clericalem tonsuram contulit Joanni Petro Doursène »filio leg. et nat. Petri et Joannœ Aubonine, conjugum. Eodem die 14 »februarii, clericalem tonsuram in loco supra dicto Joanni Jacobo »Vieules, filio nat. et leg. Jacobi et Ludovicœ Ambilote conjugum, »Lodovœ. Item Amantio Pailhou filio nat. et leg. Fulcranni et Magdalenœ »Valoque conjugum, Lodovœ. »
(Arch. Départ. Fonds de l'évêché de Lodève, série G,). Le malheur est que la plupart des listes d'ordinands de cette époque n'ont été dressées que sur des feuilles détachées. Le temps a pu ainsi en disperser quelques-unes. Celle précisément qui pouvait nous renseigner est absente ; mais il n'est pas déraisonnable de croire que Bosquet, avant de partir pour Paris, son absence surtout ne devant pas durer moins d'une année, fit à Lodève des ordinations proprement dites.

tre ; et comme si ce n'était point assez des ennuis qui lui arrivaient de cette source, tandis que la paix du pays était menacée par l'hérésie grandissante, la question des Réguliers était venue malheureusement grossir le conflit et accentuer au sein du clergé des divisions que la Religion et l'Etat étaient également intéressés à apaiser au plus vite.

Quant à la neutralité observée au Quirinal, elle n'était pas de nature, on le conçoit, à diminuer ses appréhensions.

Que les évêques de France, en combattant certaines immunités des religieux, n'eussent point su se garder absolument de tout excès, n'y ayant pas de réaction au monde qui n'en entraînât à sa suite ; que, parmi ceux qui réclamaient avec le plus de force pour l'intégrité des droits épiscopaux, se rencontrâssent précisément les moins obéissants, les moins soumis à l'autorité du Saint-Siège, et que Rome, trouvant matière en cela à des rapprochements piquants, se crût en droit maintenant de sanctionner par son silence la loi du talion que les évènements s'étaient chargé d'appliquer à quelques évêques, Mazarin se voyait bien obligé d'en convenir. Mais il se disait aussi que, dans cette grave et capitale question de la juridiction ecclésiastique, il ne s'agissait pas seulement d'intérêts particuliers, encore moins d'un fait exclusivement personnel à M. de Gondrin. L'archevêque de Sens s'était plaint des jésuites et des capucins de son diocèse, comme l'évêque de Limoges, comme tant d'autres, s'étaient plaint à la dernière assemblée des religieux établis sur leur territoire (1) ; et certaine publication (2), œuvre

(1) L'évêque de Limoges avait eu des démêlés avec dom Roger, Feuillant et son successeur, dom Gabriel de St-Joseph, au sujet des limitations qu'il avait entendu apporter, en vertu de ses droits épiscopaux, à l'usage qu'ils faisaient de la prédication et de la confession des fidèles (V. t. III des procès-verbaux du clergé, p. 605).

(2) C'était le livre intitulé : *Privilegia regularium quibus aperte demonstratur regulares ab omni ordinariorum potestate exemptos esse nec non in utraque hierarchia jurisdictionis et ordinis locum habere.* Le Fr

d'un père récollet qui n'avait pas réussi à se dérober sous le
voile de l'anonyme, et que l'assemblée avait censurée, ne
révélait que trop contre quelles fâcheuses tendances l'autorité épiscopale avait maintenant à se défendre.

Et ces tendances étaient générales. Elles se manifestaient
un peu partout. Tout récemment, en Angleterre, est-ce qu'on
n'avait pas vu les Réguliers multiplier les instances auprès
de Sa Sainteté, pour qu'elle n'établît point d'évêque en ce
pays-là, alors que le clergé séculier en demandait un à cor et
a cri (1)! Dans le royaume, le mal empirait. L'esprit d'opposition est contagieux. Les Cordeliers de Thouars et de Poitiers, les Jacobins de Grasse, les Minimes de Dun-le-Roy,
les Augustins de Tarascon, les réguliers mendiants d'Angers
(Carmes, Jacobins, Augustins, Cordeliers et Récollets), s'in-
surgeaient contre les restrictions que les évêques entendaient
apporter à leurs privilèges (2).

Un tel état de choses ne pouvait évidemment se prolonger ; une solution prompte s'imposait, commandée par la
religion et le bon sens.

Cette solution, Mazarin, en homme sage, et pour éviter des
complications malheureuses, voulait qu'on l'eût trouvée

Bruno, recollet, fut convaincu de l'avoir écrit, et l'assemblée de 1650 avait
ordonné que défense fût faite à lui et à ceux de son ordre de prêcher
et de confesser en n'importe quel diocèse, jusqu'à ce qu'ils eussent réprouvé sa conduite (t. III des procès-verbaux, p. 608). Afin de
mettre en saillie une fois de plus l'unanimité de l'épiscopat touchant
la nécessité de l'autorisation préalable de l'ordinaire pour la prédication et la confession, notons que, cette même assemblée ayant établi un
règlement sur ces deux points, quantité d'évêques écrivirent de leurs
diocèses pour y souscrire. Cétaient Messeigneurs de Rouen, de Seez, de
Poitiers, de Boulogne, de Grasse, de Sens, d'Arles, de Lombez, d'Ole-
ron, de Dax, de Digne, de Bayonne, de Tréguier, de Tarbes, de Castres,
de Soissons, de Périgueux, de St-Flour, d'Orange et de Chalon (t. III,
p. 604 et *seq*.).

(1) V. au tom. IV des procès-verbaux.
(2) Ibidem.

avant la tenue de la prochaine assemblée générale, dont la convocation fixée d'abord au 25 mai, devait être renvoyée au 25 août, et plus tard encore au 25 octobre (1).

On avait donc quelque temps encore devant soi, pour travailler à l'apaisement des esprits ; mais il fallait qu'on se mit à l'œuvre au plus vite.

Mazarin attendait tout de la médiation de Bosquet. Cette médiation, à laquelle avaient consenti les opposants du Jansénisme, et que Rome avait si expressément ratifiée, les religieux ne pouvaient moins faire que de l'accepter pour leur propre compte. L'on n'ignorait pas qu'il était lié d'amitié avec plusieurs d'entre eux, et que, à Lodève, il avait entretenu avec les communautés régulières, établies dans son ressort, des relations assez cordiales, pour que son autorité et ses droits, intégralement affirmés et maintenus cependant, n'y fussent pas l'objet de contestations regrettables (2).

(1) L'assemblée générale de 1655 avait été convoquée comme à l'ordinaire pour le 25 mai. On la différa au 25 août et plus tard encore au 25 octobre. Ce qui occasionna ces remises, ce fut la difficulté qu'on eut de réunir les deux assemblées et diocésaine et provinciale de Paris, par suite de l'absence du cardinal de Retz, alors exilé du royaume. De Rome où il était, le cardinal avait continué à exercer toute juridiction dans son diocèse, par les grands-vicaires qu'il avait nommés. Le roi, cependant, affectant de le considérer comme déchu de son siège, avait retiré à ceux-ci son agrément pour le réserver uniquement aux vicaires-généraux du chapitre. De là un conflit qui ne pouvait qu'être fort préjudiciable aux intérêts de l'Eglise de Paris. On s'entendit enfin : les évêques estimant qu'ils étaient tous solidaires et que la juridiction de l'un d'entre eux ne pouvait être attaquée, sans que celle de tous fut atteinte, ils firent des remontrances au roi ; ils l'obligèrent à respecter le caractère de l'évêque, même dans un prélat conspirateur, et à lui laisser la liberté d'agir de loin dans son diocèse, par l'intermédiaire de ceux qu'il avait eu le droit de choisir pour être les interprètes de ses commandements (V. la collection des procès-verbaux du clergé, vol. des tables, c. 221).

(2) « Nous avons grand sujet de nous louer de l'illustre et tout cha-
»ritable Monseigneur François de Bosquet, disent les récollets de
» Lodève dans leurs mémoires, non-seulement pour nous avoir aimés
» tendrement et grandement protégés durant le temps qu'il a exercé la

Le tact sera toujours la plus grande force de ceux qui gouvernent. L'évêque de Lodève en avait beaucoup : ce fut un de ses principaux mérites, et la cause la plus puissante peut-être de son influence et de ses succès.

Le joint, pour mettre fin à la crise et pacifier réguliers et séculiers, était difficile à découvrir. Il paraissait certain toutefois que, si le cas de M. de Gondrin, le plus en vue des évêques plaignants, recevait une solution, il y aurait là un précédent dont sauraient tirer parti les autres prélats, et d'après lequel on pourrait établir, d'une manière générale, la vraie condition des Réguliers dans le royaume. L'essentiel, pour le moment, était donc de mettre d'accord l'archevêque de Sens et les religieux de son diocèse. Mais là encore, que d'obstacles ! car, de part et d'autre, l'animosité qui les séparait n'avait pas sa source uniquement dans les

»charge d'évesque en ce diocèse, voire même pour nous y avoir tou-
»jours employés tant aux missions et aux visites de son diocèse qu'en
»toute autre belle manière : arrivant enfin que son siège épiscopal de
»Lodève a esté changé en celui de Montpellier, et s'y souvenant des
»bons et charitables services que naguère il avait reçu des récollets, il
»eut la bonté de nous admettre et establir pour un toujours audit
»Montpellier, l'an 1663, et le vingt-septième jour de décembre, ainsi
»qu'il se voit amplement énoncé dans les archives de notre susdit
»couvent. Laquelle grâce, aussy bien que les aumosnes exhibées
»par luy, tant en l'une qu'en l'autre ville, doivent nous porter à n'ou-
»blier jamais un tel bienfaiteur en nos prières et saints sacrifices,
»pour que Dieu lui serve de fidèle récompense. » —(Archives départementales. Fonds des récollets, fol. 113, recto). Bosquet devait tenir à
honneur, durant son long épiscopat, de se montrer en toutes rencontres
l'ami et le père de ses religieux. A Montpellier notamment, les récollets ne devaient pas être les seuls à ressentir les effets de sa bonté iné-
puisable. Les carmes, les augustins, les cordeliers, l'eurent aussi pour
protecteur. Les dernières années de sa vie furent marquées par une
correspondance des plus actives avec le P. Combefis, de l'ordre de
saint Dominique, du couvent de la rue Saint-Honoré, de Paris. Cette
correspondance, dont M. Germain a eu l'obligeance de nous communiquer quelques pièces recueillies par lui, révèle manifestement les
qualités d'une âme d'élite, et nous la publierons peut-être un jour.

démêlés auxquels les ordonnances de M. de Gondrin, en matière juridictionnelle, avaient donné lieu.

Implacables adversaires du Jansénisme, les Jésuites avaient mis à le combattre un zèle admirable. Leur action même dans ces luttes avait eu assez d'éclat pour que les Jansénistes tournassent désormais contre eux toute leur colère. Arnauld et Pascal ne les avaient point épargnés. Déjà s'était formée la légende, reproduite depuis par tous les écrivains de la secte, que la condamnation de l'*Augustinus* était due exclusivement, ou à peu près, aux intrigues de la Compagnie. Celle-ci avait habilemeut substitué à l'enseignement traditionnel de l'Eglise sur la grâce, les théories de ses écoles. Dans son désir de les faire prévaloir, elle n'avait pas craint de calomnier l'évêque d'Ypres, ceux surtout qui soutenaient sa doctrine. Quant à Innocent X, en publiant la bulle *Cum occasione*, il avait trahi tout simplement ses devoirs de Pontife. Livré aux Jésuites, il s'était fait, par faiblesse ou par peur, on ne savait trop, l'instrument docile et aveugle d'une coterie.

Or, ces appréciations, d'une fantaisie très risquée, comme on le voit, et dont nous retrouvons le fond dans plus d'un écrit janséniste du siècle suivant (1), étaient en circu-

______

(1) Il est vraiment curieux de constater avec quelle persistance les écrivains jansénistes affectent de ne voir que des jésuites parmi ceux qui les contredisent. Les jésuites seuls sont cause de tout. Le Jansénisme n'a été imaginé que par eux. L'*Augustinus* renferme la doctrine catholique la plus pure, et les papes et les évêques qui l'ont condamné ont faussé cette doctrine pour mettre en sa place les opinions particulières des jésuites. Nous avons en mains un petit recueil d'éphémérides jansénistes, imprimé en 1733, et que nous devons à l'obligeante communication d'un de nos vénérables confrères du diocèse, M. l'abbé Brouillet, curé-doyen d'Olargues. C'est une œuvre de parti au premier chef où se rencontrent quelques jugements qu'il nous a paru intéressant de relever. Nos lecteurs nous sauront gré peut-être de leur montrer ici comment les Jansénistes ont écrit l'histoire : « 4 mai 1638. «Mort de Jansénius, en odeur de sainteté. Il est devenu bien connu par

lation déjà du temps de Bosquet, et il n'est point dit qu'elles n'entrassent pas un peu dans la pensée intime de M. de Gondrin. Les Jésuites, en combattant un système qui lui était cher, et dont il passait, avec quelque apparence de raison, pour être un des protecteurs les plus chauds, ne s'étaient pas attiré précisément ses bonnes grâces. Plus tard, lorsqu'ils élevèrent des prétentions contre son autorité et refusèrent de souscrire à ses ordonnances, l'indignation qu'il en ressentit s'accrut de toutes ses premières rancunes inavouées, et auxquelles il était trop heureux maintenant de donner une issue, en les couvrant d'un légitime prétexte. La lutte alors prit un caractère si violent, on se ménagea si peu de part et

»son livre sur la grâce *contre le système des jésuites*. Ce livre ne fut »imprimé qu'après sa mort. Il le soumit en mourant au Saint-Siège ; »bien entendu que le Pape ne le condamnera pas sans l'avoir examiné, » *ou qu'il n'abandonnera pas la doctrine du Saint-Siège*. Ce saint évêque »avoit lu trente fois les ouvrages de saint Augustin, sur la grâce... »p. 65. »
«6 mars 1642. Le livre de Jansénius ayant paru, les *jésuites* dont la »doctrine se trouvoit fort maltraitée dans ce livre pressent le Pape de »le condamner. On lui dit qu'il renouvelle les propositions condam-»nées par la bulle contre Baïns, p 41. » — « 14 mai 1643. Avène-»ment de Louis XIV. Le zèle ignorant de ce prince a causé de grands »maux dans l'Eglise. *Confessé par les jésuites, il n'a jamais connu la* »*vérité tant sur la morale que sur la doctrine...* Il a régné 72 ans; il »est mort le 1er septembre, comme il se préparait à lancer de nouveaux »coups sur les *défenseurs de la cause de Dieu*, p. 70. — 11 juillet 1653. »En conséquence des lettres patentes pour la bulle d'Innocent X contre »les cinq propositions, le cardinal Mazarin, *livré à la fortune, par* »*conséquent à l'iniquité et aux jésuites*, assemble au Louvre vingt-huit »évêques qui reçoivent cette bulle purement, et, *pour mieux faire leur* »*cour à la Société*, envoyent un projet de mandement uniforme à tous »les évêques de France, *de peur que quelqu'un ne s'avisât de vouloir* »*mettre la doctrine de l'Eglise à couvert des prétentions des jésuites.* »Quelques évêques ne laissèrent pas de passer outre, p.94.» — «23 avril; »1654. — Bref de l'inquisition qui condamne les mandements de »MM. de Sens et Cominges qui avoient restreint le sens condamné »des cinq propositions au sens calviniste, et avoient mis à couvert »celui de la grâce efficace. *Les jésuites en France avoient fait bien du ta-* »*page au sujet de ces mandements et ils osent les faire condamner à Rome,* »quoique ces prélats n'eussent fait dans ces mandements que ce que le

d'autre, que les chances d'un accommodement parurent bien légères à ceux qui avaient entrepris de le tenter.

C'est qu'aussi les difficultés étaient complexes. Elles se grossissaient réciproquement et par l'appui malheureux qu'elles se prêtaient. L'archevêque de Sens avait à la fois Rome et les Jésuites sur les bras. Rome mécontente de son opposition, attristée par les restrictions qu'il avait apportées à son obéissance, n'était pas fâchée, voulant lui donner une leçon, de le laisser quelque temps aux prises avec les ennuis d'une autorité contestée. Les Jésuites, de leur côté, bien vus au Quirinal, qui leur savait gré de leur orthodoxie et de leurs

» pape Innocent X, vivant encore alors, avait fait verbalement. *Preuve*
» *bien claire des funestes desseins de la Société*, p. 59. » — « 7 janvier 1657.
» Mort d'Innocent X. C'est sous ce Pape qu'a été agitée la dispute des
» cinq propositions attribuées à Jansénius ; c'est lui qui les a condam-
» nées purement, sans vouloir distinguer leurs différents sens, ni as-
» signer sur lequel de ces sens tomboit la condamnation. *En cela il a*
» *été l'instrument de la politique diabolique des Jésuites.* Ce Pape étoit
» fort rempli de sa prétendue infaillibilité, qui l'a guidé dans toute cette
» affaire, p. 455. » — « 7 avril 1657. Election d'Alexandre VII à la place
» d'Innocent X. *Ce Pape a été bien funeste à l'Eglise par la persécution*
» *qu'il a fomentée contre les gens* de bien, au sujet du fait de Jansénius,
» et par les parjures qu'il a introduit (*sic*) par son formulaire terminé
» par un serment, p. 54. » — La Sorbonne pour avoir rempli son devoir
» et être demeurée fidèle au Saint-Siège, n'est pas plus épargnée. —
» « Le 4 avril 1657, lettre de cachet à *l'ancienne carcasse de Sorbonne*
» pour la réception de la bulle d'Alexandre VII, par le formulaire. *Cette*
» *ombre de la Faculté* accepte le lendemain cette bulle, p. 53. » — L'auteur
ne s'est pas demandé comment il pouvait assigner cette date du 4 avril
1657 à la réception du formulaire d'Alexandre VII, alors qu'il n'ins-
crivait l'élection de ce Pontife qu'à la date du 7 avril, trois jours
plus tard. Mais passons. — « 2 mai 1661. *L'ancienne carcasse de la*
» *Faculté de théologie* reçoit le formulaire du clergé que le roi y avait
» envoyé *et en ordonne la signature à tous ses os.* C'est ce formulaire
» qu'on a toujours signé dans la Faculté ressuscitée et qu'on signe
» encore dans la *carcasse moderne*, p. 63. » (*Etrennes jansénistes ou*
journal des principaux faits de l'histoire du prétendu Jansénisme depuis
son origine, et des miracles operez par l'intercession du B. II. Paris,
en forme d'almanach, pour l'année MDCCXXXIII). Comme ces Jansénistes sont intéressants, et comme certains aujourd'hui sont bien
venus de les défendre !

services, n'avaient pas manqué de se prévaloir et de la faveur dont ils joussaient auprès du Pape et de l'espèce de disgrâce de M. de Gondrin, pour se soustraire à sa juridiction avec plus d'éclat. L'archevêque, irrité autant que pouvait l'être homme du monde, frappait à coups redoublés sur les religieux réfractaires, accumulait contre eux des interdits qui ne portaient pas (les Jésuites ne se faisant aucun scrupule de les considérer comme non avenus), et finalement, impuissant à les réduire, n'hésitant pas à reprocher à la cour de Rome d'encourager leur résistance, tant les Jésuites se targuaient hautement de sa protection, il en avait pris occasion de différer, par manière de représailles, la soumission pure et simple qu'on attendait de lui à l'acte pontifical qui avait condamné le Jansénisme.

Telles étaient les difficultés, à première vue inextricables, auxquelles on demandait maintenant au tact et à la sagesse de Bosquet de trouver le plus tôt possible une solution.

Et d'abord, il s'agissait de savoir par où commencer. Lequel des deux obstacles était-il plus expédient de renverser en première ligne? Fallait-il que la question juridictionnelle fût tranchée en faveur de M. de Gondrin pour donner pleine carrière à son orthodoxie? Sur ce point malheureusement, l'intervention de Rome était nécessaire, et il n'était pas absolument dans l'ordre que Rome fît des avances à un prélat récalcitrant, qui mettait tant de mauvaise grâce à désavouer en toute franchise les plus dangereuses doctrines. Il semblait au contraire que, si l'on pouvait obtenir de M. de Sens qu'il adhérât simplement à la bulle, sa reconciliation avec la cour romaine devant être le résultat probable de cette démarche, les démêlés qu'il avait avec les réguliers de son diocèse seraient marqués aussitôt par une détente, et recevraient peut-être sans tarder la solution que souhaitait en même temps et non moins ardemment que lui, l'immense majorité de ses collègues dans l'épiscopat.

Après bien des hésitations, bien des démarches sans fruit apparemment, ce fut l'avis de Bosquet. Il avait sondé plusieurs fois M. de Gondrin, le nonce, le P. Annat (1), un des religieux les plus considérés de la Compagnie, et voici ce qu'il écrivait, à la date du 20 juillet à Mazarin :

»Monseigneur,

»Je rendray compte par cette lettre à vostre Eminence »de deux affaires qu'elle m'ordonna à son départ pour Sois-»sons.

»La première est le différend de M. l'archevêque de Sens »avec les Jésuites sur lequel je vis le P. Annat qui, après »une longue conférence me donna un mémoire des moyens »qu'il croyoit les plus assurés pour terminer ce débat. »Mais M. de Sens l'ayant vu, le jugea imparfait et en un chef »impossible, de sorte que je ne voy pas que l'affaire soit »encore meure dans l'esprit d'aucune des parties. Il leur faut »donner quelque temps pour prendre une dernière résolu-»tion. La principale difficulté se trouve dans la défense de la »confession paschale, laquelle M. de Sens soutient estre »rescue avec obéissance par tous les séculiers et réguliers »de son diocèse. Il offre de ne refuser la permission de se »confesser aux Jésuites pendant la quinzaine de Pasques, à »quiconque la luy demandera, et soutient que ces pères ne

(1) Le P. Annat était alors provincial de la Compagnie de Jésus. Il était né à Rodez en 1607 et avait professé successivement la philosophie et la théologie à Toulouse. Doué de remarquables talents, il devint pour les Jansénistes un adversaire redoutable, et Pascal lui fit l'honneur de lui adresser ses deux dernières *provinciales*. Plus tard Louis XIV le choisit pour confesseur. Il perdit cette place à la suite de quelques remontrances qu'il crut de son devoir d'adresser au Roi, dans les commencements de son inclination pour la duchesse de La Vallière. Il mourut en 1670.

»doivent pas avoir seuls dans son diocèse un privilège qui
» est contraire aux derniers règlements de l'assemblée géné-
»rale du clergé, tenue l'an 1645. Au contraire le P. Annat
»n'est pas tombé d'accord que ce règlement soit receu
»universellement dans la France ny mesme dans le diocèse
»de Sens, et il a dit que dans l'Escrit fait par les principaux
»réguliers des couvens de Paris l'an 1633, devant M. le car-
»dinal de Richelieu, cette défense n'y est pas comprise ;
»qu'en tous cas, s'agissant de l'explication des conciles et
»des privilèges octroyés par les papes, M. de Sens pourroit
»s'en remestre à la décision que Sa Sainteté en donneroit
»sur leurs expositions respectives. A quoi M. de Sens n'a
»pas voulu consentir, s'en tenant aux règlements de l'Eglise
»gallicane et à la practique de son diocèse. J'estime que si
»M. de Sens estoit hors de l'affaire qu'il a avec le Pape,
»pour raison de sa lettre pastorale, tant luy qne les Jésuites
»pourroient tomber d'accord plus facilement; car peut-être
»craint-il que l'on impute à quelque bassesse les condescen-
»dances qu'il pourroit avoir pour les Jésuites, et ceux-cy
»estiment-ils tirer quelque avantage de cette brouillerie.
»C'est donc à cette dernière affaire, à ce qu'il me semble,
»que vostre Eminence se doit attacher premièrement pour
»trancher d'un seul coup ce nœud (qui me paraît indisso-
»luble) par la réconciliation entière et sincère de M. de
»Sens à Sa Sainteté.

»Et c'est la seconde affaire dont vostre Eminence m'avoit
»chargé, pour laquelle j'ay veu M. le Nonce, et je luy ay
»exposé l'ordre et la créance de vostre Eminence, et nous
»avons convenu de deux choses : la première, que MM. de
»Sens, de Cominges et de Beauvais, un chascun d'eux
»séparément, remettroient entre les mains dudit sieur nonce
»une déclaration ou attestation comme ils ont publié pure-
»ment et simplement la constitution du Pape qui condamne

»les cinq propositions de Jansénius. Ce qui se peut faire en
»cette forme, savoir : faisant imprimer ou transcrire la cons-
»titution, mettre au bas une ordonnance qui porte purement
»et simplement, sans aucun discours, que la constitution
»sus-escrite sera publiée, suivant sa forme et teneur, signée
»desdits sieurs archevesques et évesques, contresignée de
»leurs secrétaires et scellée du sceau de leurs armes. Et je
»ne croy pas qu'ils doivent faire difficulté sur ce point, car,
»aussy bien ont-ils publié ou publieront de nouveau, la dite
»constitution avec le bref qui leur a esté envoyé en dernier
»lieu par ordonnance de l'assemblée tenue devant vostre
»Eminence.

»La seconde chose que M. le nonce demande est que
»lesdits sieurs archevesques et évesques escrivent au Pape
»une lettre ou déclaration par laquelle ils révoquent tout
»ce qu'ils ont escrit, dans leurs lettres pastorales ou ordon-
»nances, sur la publication de la constitution, qui peut estre
»interprété contraire à l'honneur du Saint-Siège et à l'auto-
»rité du Pape qu'ils reconnaissent pour juge supérieur des
»causes de la Foy.

»Et, parce que M. le nonce ne s'est point voulu charger
»de prescrire les termes auxquels ces lettres et déclarations
»doivent estre escrites, il m'a dit qu'il falloit que lesdits
»sieurs archevesques et évesques me remissent en main celles
»qu'ils voudront faire, et qu'il les envoyera à Rome, afin
»que, si elles sont conformes au sens du Pape, elles soyent
»souscrites par eux, ou, si elles ne sont point suivant l'inten-
»tion de Rome, Sa Sainteté pourra en faire dresser le modèle
»suivant sa pensée et le leur envoyer, et lesdits évesques s'y
»conformeront en celles qu'ils devront escrire, et, par
»ce moyen, cette affaire se terminera en paix.

»J'en ay dressé trois ou quatre lignes, suivant la prière
»de M. le nonce, que j'ay jointes à cette lettre, pour servir

»de formulaire à M. de Sens en cas qu'elles lui plaisent,
»sinon, il en pourra dresser un autre, en termes approchans
»de ceux-cy.

»Cependant, il serait important, Monseigneur, que vostre
»Eminence fit la grâce à M. de Sens de faire connoître au
»Pape et à son nonce le désir qu'elle a, pour l'honneur de
»Sa Sainteté, que cette affaire soit terminée avant l'assemblée
»générale du clergé, et que ces voyes de douceur soyent
»préférées aux rigueurs que le style de la cour de Rome a
»souvent employées à son dommage, sous le nom apparent
»de rigueur de discipline et d'autorité du Saint-Siège. J'en-
»tre dans cette pensée avec d'autant plus de raison que
»j'entends par les nouvelles que l'on débite icy, comme ve-
»nant de Rome, que l'on y a formé de nouveaux brefs con-
»tre M. de Sens et que l'on aigrit l'esprit du Pape contre luy.
»Je suis, avec tout le respect que je dois, Monseigneur, de
»vostre Eminence,

»Le très humble, très obéissant et très obligé serviteur,

»FRANÇOIS, évesque de Lodève, nommé à l'évesché
de Montpellier (1).»

Ainsi, pour l'évêque de Lodève, le nœud de la question
était celui-ci : établir un rapprochement entre M. de Gondrin et le Saint-Siège. Cette solution, quoique difficile,
n'était pas irréalisable, pour peu que la chancellerie romaine y mît du sien. En fait, ce n'était point diminuer l'autorité des principes que de s'efforcer de les imposer par la
douceur, et, quand les procédés irritants pouvaient tout

____

(1) Paris, 20 juillet 1665. Biblioth. nat. M SS. F R. Fonds Baluze,
122, fol. 116 et 117. Autographe.

perdre, n'était-il pas sage de recourir à la modération qui pouvait encore tout sauver.

, Du reste, Mazarin et Bosquet, depuis l'arrivée de ce dernier à Paris, avaient mis consciencieusement le temps à profit et l'affaire du Jansénisme paraissait être relativement en bonne voie.

Le cardinal, dont le retard imposé par les circonstances à la convocation de l'assemblée générale servait on ne peut mieux les pacifiques desseins, avait tenu au Louvre, au mois de mai, une assemblée particulière de quinze prélats, à laquelle assistaient aussi les agents généraux du clergé de France. Là, l'évêque de Lodève avait rendu compte à ses collègues de sa mission à Rome, de ses diverses entrevues avec Innocent X et de la pensée intime de ce Pape sur le fait des cinq propositions, condamnées maintenant à nouveau par le dernier bref. Ce récit, dont nous avons donné plus haut, si l'on s'en souvient, une analyse (1), avait plu tellement aux évêques présents, qu'ils avaient prié Bosquet de leur en remettre une copie (2). A leurs yeux, c'était un document d'une extrême importance. Ils l'avaient fait insérer depuis au procès-verbal de leurs délibérations et joint ensuite aux pièces du dossier où figuraient déjà les actes principaux des assemblées particulières de 1653 et 1654, et dont MM. les agents devaient fournir un rapport à la prochaine assemblée genérale (3).

(1) V. au chap. II.

(2) T. IV des procès-verbaux, à la suite du discours de Bosquet, p. 192.

(3) Ce rapport occupe une large place dans les procès-verbaux de l'assemblée de 1656 avec lesquels on l'a fondu. Il serait même difficile de saisir, au milieu des dates qui s'enchevêtrent, la part qui revient à l'assemblée particulière de 1655, si cette dernière n'était mentionnée d'ailleurs avec ses actes par les mémoires du temps (Voy. l'hist. du XVIIe s., t. II, p. 322).

Les quinze évêques s'étaient montrés surtout très sensibles à l'entière approbation donnée par le Pape à la conduite de l'assemblée précédente. Il était d'ailleurs impossible de se méprendre désormais sur les véritables sentiments de Sa Sainteté. Son langage était catégorique : la doctrine de Jansénius, la substance même de l'*Augustinus*, voilà bien ce qu'elle avait vu dans les cinq propositions, et ce que sa constitution avait condamné.

Alors, ils étaient allés courageusement de l'avant, et, tandis que Louis XIV faisait expédier, le 17 mai, une déclaration portant que le bref du pape «seroit reçu et exécuté »dans son Royaume, et qu'en conséquence, les livres, let- »tres et écrits qui avoient été composez et publiez pour la »défense des opinions condamnées, demeureroient suppri- »mez, nonobstant les permissions et privilèges que les au- »teurs pourroient en avoir obtenus (1).» Ils avaient pris, de leur côté, une résolution énergique : ils avaient décidé que l'on écrirait à tous les prélats une lettre commune où on leur donnerait connaissance des intentions de Sa Sainteté, et que, pour les informer de tout ce qui s'était passé à l'occasion du Jansénisme, on leur enverrait la copie de la constitution et du bref, et des lettres qui avaient été écrites par les assemblées précédentes. «De plus, ajoutent les actes, il »fut convenu que, pour arrêter le cours d'un des plus grands »maux dont l'Eglise pût être affligée, on les convieroit à faire »souscrire la constitution et le bref de Sa Sainteté, par tous »les chapitres, les recteurs des universitez, et par toutes les »communautez, tant séculières que régulières, exemptes et »non exemptes, par les curez et ceux qui sont ou seront »pourvus des bénéfices dans leurs diocèses, et générale-

(1) T. IV des procès-verbaux, pièces justificatives. Hist. ecclés. du XVIIe s., t. II, p. 322.

»ment par toutes les personnes qui sont sous leur charge,
»de quelque qualité et condition qu'elles soient ; on ordon-
»neroit en outre à tous les évêques de registrer la constitu-
»tion et le bref aux greffes de leurs officialitez, pour y avoir
»recours quand besoin seroit ; les avertissant que, si après
»une décision si solennelle et si expresse, quelqu'un venoit à
»tomber dans les sentiments de cette mauvaise doctrine, on
»devoit procéder contre lui par les voies canoniques (1).»

Cette lettre-circulaire, datée du 10 mai, n'avait été
adressée aux prélats du Royaume que le 2 juin, l'Assemblée
des *quinze* l'avait fait suivre d'un type de formulaire, dont
voici la teneur :

*Je N. N. reconnais estre obligé en conscience de condamner
de cœur et de bouche la doctrine de Cornelius Jansénius
contenüe dans son livre intitulé :* Augustinus, *que le pape et
les Evéques ont condamnée ; laquelle doctrine n'est point celle
de saint Augustin, que Jansénius a mal expliqué contre le vrai
sens de ce saint docteur.*

Ce n'était là évidemment qu'un ballon d'essai. Ceux qui
l'avaient lancé, Bosquet en tête, ne pouvaient prétendre
imposer leurs vues à tout l'épiscopat ; mais les nouvelles
qu'on avait reçues des provinces étaient venues attester
depuis qu'on était allé au-devant des désirs du plus grand
nombre et que pour en finir avec les subterfuges et les faux-
fuyants du Jansénisme, pour dessiller les yeux aux égarés, le
moyen indiqué était encore le meilleur. Il s'était produit, en
faveur du formulaire, un mouvement d'opinion très marqué
et qui s'accentuait tous les jours. L'archevêque de Sens, quelque attachement qu'il eût à ses idées, ne pouvait y demeurer
absolument indifférent. Au bruit qui se faisait déjà, il lui

(1) Ibidem, p. 328.

était facile de prévoir les blâmes énergiques, pour ne rien dire de plus, dont les députés à l'Assemblée générale ne manqueraient pas de flétrir sa résistance, s'il ne prenait la résolution de se soumettre. Il en coûtait énormément à son amour-propre de s'amender, sans doute, mais il ne tenait pas non plus à passer aux yeux du clergé du Royaume pour hérétique. Il se décida donc (Bosquet employant d'une façon visible toute sa charité, tout son tact et l'influence dont il jouissait, à lui rendre aussi douce que possible une nécessité devenue inévitable), à prêter une oreille plus docile à ses conseils. Dès les premiers jours du mois d'août, il remettait à notre évêque une lettre pastorale contenant son adhésion pure et simple à la bulle, et le priait de la faire parvenir lui-même au Quirinal.

Le 6 du même mois, Bosquet annonçait en ces termes ce résultat à Mazarin :

« Monseigneur,

»L'absence de M. le Nonce ne m'a point permis de lui »remettre entre les mains la nouvelle publication qu'a fait »l'Archevêque de Sens de la constitution du pape Innocent X, »avec la déclaration qu'il a faite sur sa lettre pastorale dont »je crois que l'on doit estre content à Rome. Mais estant »pressé par mondit sieur l'archevesque d'envoyer ces actes »à Rome par ce courrier, et sur l'assurance qu'il m'a donné »que c'estoit l'ordre de vostre Eminence, je les ay adressé »à M. Rospigliosi, secrétaire d'Estat, afin qu'il les présente »au Pape. S'il ne plait à vostre Eminence de joindre à ces »actes des lettres pressantes à Sa Sainteté, je crains que »l'affaire ne traîne dans le cours des longueurs ordinaires »en cour de Rome, et qu'une affaire qui doit estre terminée »au gré de cette cour-là, par le moyen de cet acte, ne re- »prenne une nouvelle rigueur, sous prétexte de l'examen

»scrupuleux de leur forme et de leur matière. La seule pro-
»tection de vostre Eminence peut trancher ce nœud gordien
»et ce sera là le coup d'un plus grand homme qu'Alexandre.
»Je suis avec tout le respect que je dois,
»Monseigneur, de vostre Eminence,
»Le très humble, très obligé et très obéisssant serviteur,
»FRANÇOIS, Ev. de Lodève, nommé par vostre grâce à
»l'Evesché de Montpellier.»

Paris, 6 août 1655 (1).

Quelque satisfaction qui perce dans cette lettre, on y cher-
cherait en vain néanmoins l'enthousiasme, la joie débor-
dante, que le sentiment d'une victoire complète, définitive,
après tant de démarches surtout, après tant de peines prises
pour l'obtenir, aurait dû provoquer chez Bosquet. C'est que,
en réalité, à la dernière heure et au moment d'aboutir, les
conséquences de la soumission de M. de Gondrin lui appa-
raissaient encore bien incertaines.

L'Archevêque de Sens venait d'affirmer son orthodoxie ;
c'était beaucoup, l'essentiel même, nul ne devant se croire
autorisé désormais à le représenter comme un factieux. Mais
cela suffirait-il pour le réintégrer dans les bonnes grâces
de Sa Sainteté ? Bosquet ne pouvait s'empêcher d'avoir à ce
sujet un reste de craintes, et la fin de sa lettre à Mazarin
indique assez de quelle nature étaient ses appréhensions.

A Rome, le premier mandement de M. de Gondrin, si
malheureusement conçu et si blessant pour l'autorité du
chef de l'Eglise, avait créé contre lui, en pleine cour
pontificale, un courant d'hostilité qui n'avait fait que s'accroître par ses résistances et où étaient venus se fondre
depuis, comme pour combler la mesure, tous les griefs,

(1) Bibliothèque nat. M. SS. Fr. Fonds Baluze, arm. IV, p. 5, n° 122,
fol. 111.

toutes les colères, toutes les petites passions des religieux, d'autant plus disposés à accuser leur archevêque qu'ils se voyaient eux-mêmes dans la nécessité de se défendre. L'obstacle, le véritable obstacle n'était pas dans le Pape; il était dans son entourage. Que la Déclaration de M. de Sens fût remise à Alexandre VII, sans commentaires malveillants, celui-ci ne ferait aucune difficulté de l'accueillir; mais si, par malheur, elle lui était présentée comme l'acte d'un homme aux abois, obéissant plutôt aux nécessités d'une situation compromise qu'aux inspirations d'une conscience sérieusement convaincue; si l'on s'avisait, dans les conseils d'antichambre, de la passer au crible de jugements préconçus, d'en peser un à un tous les termes avec le parti-pris d'y trouver encore matière à procès ; si, négligeant de comprendre les rétractations implicites qu'elle contenait, l'on affectait de rechercher surtout ce qu'elle ne disait pas, la charité tout au moins conseillait de le lire entre les lignes, M. de Sens alors perdrait évidemment tous les bénéfices de sa démarche. Or, ce n'était pas pour cela que Bosquet avait reçu mission de s'interposer, et qu'il s'était donné depuis tant de mal. Rien ne devait être épargné maintenant pour aboutir, et, une action diplomatique lui paraissant de nature à aider puissamment à ce résultat, il n'avait pas hésité à la conseiller à Mazarin.

Bosquet, sans doute, ne se trompait point dans ces appréhensions si vives de l'antipathie et des méfiances dont l'archevêque de Sens pouvait être l'objet en cour de Rome; mais il se faisait bien aussi un peu illusion sur la constance de son client. C'est ce que nous verrons plus tard au dernier chapitre de cette étude (1).

(1) Nous tenons à déclarer que dans tout ce qui précède, nous avons voulu simplement analyser les sentiments, les impressions de Bosquet, pour expliquer ses actes. Bosquet ne voyait dans M. de

En tout cas, sa mission conciliatrice finissait là. Chargé d'une entreprise difficile, il était évident pour tous qu'il l'avait conduite avec beaucoup d'habileté et de sagesse. Il avait gagné devant l'épiscopat tout entier un accroissement de considération et d'influence, et ses collègues de l'Assemblée générale allaient prochainement donner la mesure de l'estime dont ils se plaisaient à l'entourer, par les fréquents appels qu'ils devaient faire à ses lumières.

Gondrin qu'un évêque dont il lui eût paru criminel de suspecter la sincérité et qu'il croyait digne. Certaines anecdotes scandaleuses dont l'archevêque de Sens était le héros n'étaient pas arrivées à ses oreilles; il ne savait rien encore du caractère de ce prélat, véritable affidé des Jansénistes et entretenu par leur cassette. Plus tard, probablement, il dut apprendre à le mieux connaître, et cette révélation ne fut sans doute pas étrangère au désir de retraite et de solitude qui s'empara de l'Evêque de Montpellier, dans les dernières années de sa vie, ainsi que nous le verrons à la fin de cette étude. (V. sur M. de Gondrin, archevêque de Sens, *les premiers Jansénistes*, par Mgr. Ant. Ricard.)

CHAPITRE IV.

Bosquet à l'Assemblée générale de 1655. — Question de la Régale.

SOMMAIRE. — Grande situation de Bosquet à l'Assemblée générale. — Missions diverses dont il est chargé. — Son attitude vis-à-vis des Protestants, et explication de cette attitude. — Son indépendance et sa fermeté. — Question de la Régale. — Historique de cette question. — Application abusive du droit concédé aux princes de nommer aux bénéfices ecclésiastiques. — Modération de Louis XIII. — Etat de la question en 1655. — Rapport de Bosquet et sa réponse à Mazarin. — Son discours au Roi. — Nouvelles instances de l'Evêque de Lodève auprès de Louis XIV à la fin de la session — La Régale en 1682.

L'Assemblée générale convoquée une première fois pour le 23 mai, renvoyée ensuite au 23 août et plus tard encore au 23 octobre ne put ouvrir ses séances que le 29 de ce dernier mois (1). A la messe solennelle du Saint-Esprit qui devait régulièrement précéder les travaux de chaque session (2), le sermon d'usage fut prêché par le nouvel évêque de Montpellier. Les actes du clergé ne nous ont malheureusement pas conservé le texte de ce discours. Nous

(1) V. t. IV des procès-verbaux. Cette Assemblée se tint à Paris dans le couvent des Augustins.

(2) Les circonstances qui avaient fait différer à deux reprises la réunion des députés imposèrent encore un retard à cette messe du Saint-Esprit. On ne put la célébrer que le 13 février, les députés de la province de Paris n'ayant pu jusque-là assister aux délibérations de l'Assemblée.

savons seulement qu'il fut très remarqué, que Bosquet y
déploya avec une rare élévation de vues toutes les res-
sources d'une éloquence digne de sa grande réputation et
de ce majestueux auditoire et qu'il reçut le lendemain les
félicitations de ses collègues (1).

On n'ignore pas le rôle considérable joué dans notre
histoire politique et religieuse par ces assises de l'épiscopat
où l'Eglise de France, sans se départir jamais d'un respect
profond pour la Majesté royale, traitait néanmoins de puissance à puissance avec elle et ne craignait pas d'opposer
aux vélléités despotiques et aux empiètements inconscients
ou volontaires du pouvoir civil le *non possumus* d'une autorité rarement désobéie ; où se débattaient d'ailleurs les
intérêts de l'ordre le plus élevé, ceux qui concernaient la
religion et le maintien de la foi et des mœurs publiques ;
où s'établissaient l'entente de l'Eglise avec l'Etat dans leurs
rapports communs et la ligne de démarcation que ni celui-
ci ni celle-là ne pouvaient franchir ; où en échange de
l'appui que l'Etat devait prêter à l'Eglise, l'Eglise déterminait la nature et la quantité des secours qu'elle devait
fournir à l'Etat ; où l'on avisait aux moyens de conserver
à la discipline sa vigueur et de sauvegarder l'honneur de
la hiérarchie : toutes questions d'une importance extrême,
comme on le voit, et auxquelles les circonstances avaient
donné encore plus de gravité, en cette année 1655, et devant
cette assemblée composée des plus hautes illustrations de
l'épiscopat d'un grande siècle.

C'est la gloire de Bosquet d'avoir exercé, dans un tel
milieu, une action assez brillante pour que nous saluions
en lui, sur la foi des procès-verbaux, un des chefs les plus
considérés et les plus écoutés de ce magnifique épiscopat.

(1) T. IV des procès-verbaux, p. 25, c. 2.

Son nom figure pour ainsi dire à chaque page des comptes-rendus de cette session. Il est bien peu de commissions dont il ne fasse partie. Rien ne se décide, rien ne se fait que sur son initiative ou d'après son avis favorable ; les rapports les plus difficiles, ceux dont le sujet exige toute la compétence d'un vaste savoir sont à sa charge ; c'est à lui qu'est confié le soin de prendre la parole dans les cas les plus graves et les circonstances les plus délicates.

Dès l'ouverture de l'Assemblée, si l'on se préoccupe des contestations auxquelles l'administration du diocèse de Paris a donné lieu, si l'on regrette l'attitude de la cour soutenant les prétentions des grands vicaires du chapitre contre l'autorité et les pouvoirs des deux vicaires-généraux, représentants attitrés et légitimes du cardinal de Retz auprès des fidèles, Bosquet ira, respectueusement mais sans faiblesse, au nom de l'épiscopat qui l'envoie et dont les prérogatives sont en jeu dans ce conflit, supplier Sa Majesté et Mazarin de mettre fin au scandale, en reconnaissant le droit indéniable qui appartient à tout évêque, cet évêque fût-il exilé, de communiquer avec ses ouailles par l'intermédiaire d'hommes de son choix (1).

Dans les questions financières, on ne saurait oublier qu'il a été intendant de deux provinces et qu'il a rempli ces difficiles fonctions de la façon la plus honorable pour son caractère, c'est-à-dire au mieux des intérêts souvent rivaux qui étaient placés sous sa sauvegarde.

Le système de perception alors en usage était la source de bien des abus. Les agents du fisc ont-ils exagéré leurs pouvoirs, ont-ils prélevé sur le clergé des impôts, hors des termes exprès du contrat passé entre celui-ci et le Trésor, Bosquet, répondant au vœu de ses collègues, n'hésite pas à

(1) T. IV des procès-verbaux, p. 20.

se faire auprès du chancelier l'écho de leurs protestations les plus énergiques. Déterminant ensuite, d'après des règlements de vieille date et les procès-verbaux des plus anciennes assemblées de comptes, les limites du droit de réquisition pour l'Etat vis-à-vis des bénéficiers ecclésiastiques, il établit sur ce point une jurisprudence inattaquable qui servira de base à l'avenir aux délibérations du même ordre (1).

S'agit-il de s'opposer aux entreprises des Huguenots, c'est encore lui que l'on met en avant pour soutenir devant le Pouvoir les intérêts de la religion menacée. On vient dire à l'Assemblée que le chancelier du Royaume s'est laissé circonvenir; qu'il est sur le point de donner la charge de grand audiencier au protestant de Lorme, alors que tous les règlements en vigueur s'y opposent. Délégué des prélats, Bosquet court aussitôt à la Chancellerie et il fait si bien par ses remontrances que Séguier, abandonnant son premier projet, s'engage à n'appeler aucun protestant à ces importantes fonctions (2).

De Montpellier, où les fidèles ont enduré dans le passé tant de violences de la part des Huguenots, il reçoit la nouvelle que ces derniers sont en instance pour entrer dans la magistrature consulaire et faire partie du conseil de la ville. Or, il importait au bien de la Religion et à la paix publique, dans la cité, que l'accès de l'une et de l'autre leur demeurât fermé sans merci. On savait, par expérience, pour les avoir vus à l'œuvre en bien des rencontres, à quelles vexations les catholiques pourraient s'attendre le jour où on les laisserait maîtres du pouvoir. Leur abandonner la direction des affaires lorsqu'on avait eu des motifs si graves de les en

(1) T. IV des procès-verbaux, p. 74, 100, 101, 114 et 124.
(2) *Ibid.*, p. 147.

tenir éloignés, ce serait donc commettre une lourde faute. Leur hostilité n'en deviendrait que plus audacieuse, et l'on ne tarderait pas à voir reparaître les scènes de désordre si profondément affligeantes qu'on avait eu tant de mal déjà à réprimer (1). Hâtons-nous d'ajouter que ces réclamations de notre évêque ne restèrent point sans résultat. L'assemblée résolut de s'y associer. Elle en ordonna l'insertion dans un rapport que l'archevêque de Sens était chargé de présenter au Roi sur les entreprises des calvinistes. Mazarin les ayant accueillies avec faveur, promit de les appuyer de tout son crédit. Finalement, en novembre 1656, un arrêt rendu par la Cour excluait les protestants de Montpellier des dignités consulaires pour n'en laisser le privilège qu'aux catholiques (2).

(1) *Ibid.*, p. 148. En 1621, tandis que les protestants de Montpellier étaient en pleine révolte contre l'autorité royale, le premier consul ayant appris que les troupes catholiques s'étaient rendues maîtresses à Cette d'un vaisseau hollandais qui portait des armes à ses coreligionnaires, déclara hautement *qu'il vouloit ensevelir la messe sous les ruines de Babylone.* Il établit ensuite des espions, qu'il nomma *chasse-messes*, et qui devaient veiller sur tous ceux qui entreraient dans les églises. Enfin, il obtint du Cercle une ordonnance qui supprimait absolument tout acte de catholicité dans la ville La signification de cette ordonnance aux prêtres de Notre-Dame fut presqu'aussitôt suivie du pillage de cette église par les sectaires, et ils ne s'arrêtèrent pas là. «Aucune chapelle ni église ne resta sur pied dans vingt-quatre heures,» dit d'Aigrefeuille. Pour mettre fin aux persécutions dont les catholiques étaient l'objet, Louis XIII dut faire le siège de Montpellier en 1622. Depuis lors, tenus à l'écart et réduits à l'impuissance de nuire, les protestants n'en manifestaient pas moins ici et là leur hostilité par des actes qui permettaient de tout redouter de leur rentrée au pouvoir. Ne pouvant plus persécuter, leur intolérance avait pris la forme de la raillerie, et ils se moquaient impudemment, dans leurs discours ou dans des libelles, des pratiques et des croyances du catholicisme.

(2) *Ibid.*, p. 149 et 150. Les protestants avaient fait déjà plusieurs tentatives pour obtenir des places dans le consulat. Le gouvernement leur avait donné plusieurs fois sous ce rapport des espérances que les députés des Etats à la Cour avaient empêchées d'aboutir.

Et qu'on ne dise pas que Bosquet faisait tort en cela à son caractère conciliant. L'esprit de conciliation a ses limites. Prétendre qu'on le doit pousser jusqu'à l'abandon des moyens de défense dont on dispose, quand l'ennemi ne désarme pas, quand il se montre prêt à recommencer la lutte, ce serait franchir beaucoup plus que de raison les bornes de l'exigence permise. Ouvrir toutes grandes à cet ennemi les portes qu'on a reçu la mission de tenir fermées, trahir pour ne le désobliger point, ou pour s'éviter à soi tout ennui, les intérêts dont on a la garde, c'est faire aussi de la conciliation d'une certaine manière. Les timides, les peureux et les niais sont les hommes de cette conciliation là : elle est à leur portée ; mais ce n'est point celle des hommes d'honneur et de conscience droite.

Certes, l'évêque de Lodève, s'il fût venu un peu plus tard, n'eût jamais conseillé à la Cour les mesures rigoureuses, et d'ailleurs parfaitement impolitiques, dont la révocation de l'Edit de Nantes devait un jour être le signal. Il n'eût jamais voulu d'une persécution contre les personnes, de quelque nom qu'on la couvrît, lui qui avait forcé ses adversaires même à rendre hommage à sa modération ; mais c'était son droit et le devoir de sa charge, en ce moment là, de tenir aux garanties par lesquelles la Religion était protégée, et que l'Etat du reste n'avait si bien établies que parce qu'il y avait trouvé son avantage et qu'il s'était vu lui-même dans la nécessité de se défendre.

Les circonstances, en effet, ne justifiaient que trop les réclamations dont Bosquet avait pris l'initiative, ou dont il s'était fait l'interprète. Les plaintes formulées contre les hérétiques étaient générales ; il en venait à l'Assemblée de tous les points du Royaume.

Tandis que les catholiques en France étaient condamnés à gémir sur les tristes et stériles querelles que le Jansénisme avait enfantées, les protestants, espérant tirer parti de ces divisions, commençaient à relever la tête. Ils sortaient audacieusement déjà de la réserve où, tout en faisant une part convenable à leurs libertés, les avait contenus jusqu'à ce jour l'Edit de Nantes. Ourdissant leur trame lentement, gagnant chaque jour du terrain, on les avait vus s'étendre peu à peu, comme ils eussent fait en pays conquis, et construire en divers lieux de nouveaux temples, contrairement aux ordres royaux qui en avaient limité le nombre. Et comme si ce n'était pas assez de ces empiètements hardis sur lesquels, au milieu des troubles dont l'Eglise et l'Etat avaient également à souffrir, la justice avait affecté peut-être de fermer les yeux, leur attitude avait revêtu, sur plusieurs points, une forme particulièrement agressive. A Nimes, par exemple, ils étaient devenus encombrants (1). Un peu partout, dans le Languedoc, et dans les localités où ils se sentaient assez forts pour s'appuyer, ils s'étaient fait remarquer par leurs violences, ici et là empêchant les catholiques d'assister aux exercices publics de leur culte, pénétrant même dans les églises, pour y interrompre les offices par leurs clameurs et insulter par les plus irrévérencieuses moqueries à la majesté du lieu saint (2). A Florensac, leur insolence était allé jusqu'au sacrilège: un huguenot, du nom de Truc, et qui remplissait les fonctions de juge, n'avait pas craint, de concert avec quelques jeunes polissons de l'endroit, de tourner en dérision sur la voie publique nos cérémonies les plus respectables et de parodier nos sacrés mystères (3).

On comprend l'indignation que le récit de pareils scandales devait soulever dans l'assemblée.

(1) T. IV des procès-verbaux, p. 177, c. II.
(2) *Ibid.*, 151, 153, 174, 184.
(3) *Ibid.*, 154, 155.

Qu'un évêque après cela, interprète éloquent de ses collègues, en inférât la nécessité de protéger vigoureusement les croyances du plus grand nombre contre les déportements de sectaires intolérants et factieux; qu'il s'opposât à l'admission dans de certaines dignités de sujets hérétiques qui ne pouvaient manquer de prêter à leurs coréligionnaires l'appui de leurs charges; qu'il réclamât, à cet effet, non pas la publication de nouveaux édits, mais la stricte exécution des lois existantes, cet évêque là était dans son rôle, et, s'il était vrai que les protestants, comme le leur reprochait l'archevêque de Sens dans sa remontrance à Louis XIV, entretinssent des rapports secrets avec l'ennemi étranger, qu'ils lui envoyassent des secours et qu'ils formassent des vœux pour le succès de ses armes, travailler à les réduire, ce n'était pas seulement remplir un devoir religieux, c'était faire acte de patriotisme (1).

Homme de foi profonde, de conviction ardente, Bosquet a éminemment le sens de ce qu'il y a de grand, de divin, dans le caractère épiscopal dont il est revêtu. Personnellement, il est de vie très simple, ses goûts sont modestes, il est humble, très humble, comme un vrai prêtre qu'il est, et se tient aussi éloigné que possible de l'esprit du siècle ; mais son caractère, mais sa dignité, il les veut entourés d'égards et d'honneurs, non pas pour lui certes, non pas pour l'homme qui n'est rien, mais pour l'ordre de choses auguste et sublime qu'il représente. Il estime avec juste raison que la foi d'un peuple se mesure au degré de respect dont il se plaît à entourer ses évêques. Que certains de ses collègues, par exemple, viennent se plaindre que des officiers du Roi leur

(3) V. le vol. des Remontrances du Clergé. Remontrances de l'archevêque de Sens à S. M. sur les entreprises des hérétiques. (avril 1656).

ont contesté la préséance, aussitôt il s'indigne. Prenant à parti le gouvernement, représenté dans l'assemblée par Mazarin, il lui adressera cette apostrophe : «Le clergé est le »premier ordre de l'Etat. Les évêques sont les premiers sei- »gneurs du Royaume. Et quand sa Majesté a exprimé sa »volonté formelle que les évêques eussent leur rang de »séance en toutes assemblées immédiatement après les prin- »ces du sang, de quel droit viendrait-on maintenant res- »treindre cette déclaration et enfermer cet avantage d'hon- »neur pour chaque évêque dans les limites de son diocèse? »Les ducs et pairs conservent leurs prérogatives hors de »l'étendue de leurs pairies et de la séance des parlements. »Les évêques seraient-ils donc moins favorisés? Sortis de »leur juridiction, ne gardent-ils pas toujours la dignité de »leur caractère (1) ?

Mais ce n'est pas assez pour Bosquet qu'il se montre jaloux des privilèges de l'épiscopat et de tout ce qui en peut rehausser le prestige : il n'a pas (et ceci est mieux) un sentiment moins profond des responsabilités imposées à quiconque a cru pouvoir en accepter le fardeau. Les grandes charges ne vont pas sans de grands devoirs, dans l'Eglise surtout. Cette conviction qu'il a fait entrer dans sa vie en règle les actes.

Ami du devoir! nul ne l'est plus que lui à coup sûr. Nul n'en porte à un plus haut degré la sainte inquiétude au dedans de soi, ni ne met plus de scrupule à le bien remplir. Il a souverainement le courage de sa conscience. De là une indépendance, une fermeté que rien n'arrête, qui s'affirment devant la puissance civile, sans qu'il soit retenu par la crainte de lui déplaire. Et le pouvoir, il faut le dire, ne l'en

____

(1) D'après le texte du procès-verbal de la séance du 24 janvier 1656, t. IV, p. 284.

estime que davantage ; il ne s'en montre que mieux disposé à l'écouter. Il est vrai que la modération de Bosquet est parfaite, que son tact est exquis, qu'il sait contenir toujours son opposition dans de justes bornes. Sa parole alors a d'autant plus de vertu, ses remontrances sont d'autant plus efficaces, qu'il les accompagne de plus de mesure.

Jamais la fermeté de Bosquet ne parut mieux que dans le débat ouvert à l'assemblée de 1655, sur les abus du droit de régale : grosse question que celle-là, qui fit après le Jansénisme l'objet des préoccupations principales de cette assemblée, et dont nous ne saurions négliger de donner un aperçu au moins sommaire dans cette étude.

On entendait par *régale* certains droits utiles ou honorifiques dont les rois de France jouissaient sur quelques églises de leur royaume pendant la vacance des sièges. Ils pouvaient, en vertu de ces droits, percevoir les revenus de ces églises, et disposer des bénéfices sans charge d'âmes qui en dépendaient, jusqu'à ce que le nouveau titulaire eût prêté le serment de fidélité et satisfait à tout ce qui était nécessaire pour la clôture de la régale.

Ces droits étaient d'un usage fort ancien.

A quelle époque précise commencèrent-ils à s'introduire dans notre pays ? Est-ce au huitième siècle avec Charlemagne, à qui Adrien Ier en aurait fait la concession gracieuse (1) ?

(1) Les biens d'Eglise n'appartiennent qu'à l'Eglise et ne doivent à l'Etat que leur quote-part d'impôt. Lors donc que le droit de régale n'était pas formellement exprimé dans l'acte de fondation d'un bénéfice, il ne pouvait exister que par concession du Souverain Pontife, administrateur et arbitre suprême des biens de l'Eglise. Encore le Pape ne pouvait-il transporter la propriété des biens et revenus ecclésiastiques que pour des causes majeures et pour le plus grand bien de la religion (V. *Rorhbacher, Hist. univ., t. XII, dissertation sur le paragraphe cinquième*, p. 533, c. 2).

N'est-ce au contraire que plus tard, sous les rois de la troisième race, et seulement dans la dernière moitié du douzième siècle? Les avis sont très partagés à ce sujet, et nous laissons à de plus érudits que nous le soin de trancher la question.

Toujours est-il que, dès 1061, nous trouvons l'attestation explicite et formelle de ces droits dans une déclaration de Louis-le-Jeune, à propos de l'évêché de Paris devenu vacant : « *Episcopatus et regale in manum nostram venit* (1), » ainsi s'exprime l'acte royal.

A partir du douzième siècle, l'usage de la régale est approuvé ou reconnu par plusieurs papes. Le 15 août 1210, Innocent III adresse à Philippe-Auguste une bulle qui lui en confirme le privilège. Saint Louis, en 1227, reçoit de Clément IV une autre bulle dans le même sens (2).

Il est bon toutefois de noter ceci : c'est que, à l'origine, les droits régaliens étaient essentiellement bornés dans leur étendue comme dans leur objet.

Les souverains Pontifes avaient réduit cet objet d'abord à la seule perception des revenus. Plus tard, diverses circonstances, le désir d'être agréables à des princes chrétiens qui avaient rendu à la religion quelques services, les amenèrent à y comprendre encore la collation des bénéfices simples. Par malheur, la pente sur cette voie était glissante, et l'on aurait peut-être pu prévoir que les rois, ne devant pas tous avoir apparemment la prudence en laquelle on se confiait, ne sauraient pas tous garder la même réserve.

Effectivement, peu à peu, et par une suite de ces empiète-

____

(1) Cité par de Marça dans un mémoire qu'il présenta à l'assemblée générale de 1655. V. les mémoires du clergé. Le savant archevêque de Toulouse y voit le plus ancien titre qui fasse mention en France du droit de régale.

(2) Dictionn. de droit canon., t. 11, édit. Migne.

ments que l'exercice du pouvoir absolu rend si faciles et auxquels les flatteries intéressées des gens de cour et des légistes ne pouvaient manquer de fortifier le penchant chez les princes, ceux ci en étaient venus à s'arroger le droit de conférer même les bénéfices à charge d'âmes (1). C'est-à-dire que, en certains cas, ils remplissaient les fonctions d'évêque.

Les rois, disait-on, n'avaient point, ne pouvaient avoir de supérieur dans leur royaume. S'il est vrai que tout homme recèle un despote, de quelle fièvre de despotisme ne devaient-ils pas être saisis, à se voir ainsi courtisés, adulés et entretenus constamment dans la pensée d'une omnipotence qui ne devait point connaître de règle! On s'évertuait à leur persuader qu'ils étaient seuls maîtres: ils ne demandaient pas mieux que de le croire, et ils agissaient en conséquence.

Seulement, on devait aller très loin avec de telles maximes : elles ouvrirent la porte à bien des abus.

On vit les rois, pour jouir plus longtemps des revenus des évêchés privés de leurs titulaires, en prolonger arbitrairement la vacance. Les meilleurs bénéfices, les cures les plus importantes, dans bien des diocèses, étaient livrés souvent à des hommes indignes. Dépouillés de la faculté de choisir leurs coopérateurs les plus influents parmi les membres les plus vertueux de leur clergé, n'ayant pas la liberté non plus de refuser ceux qu'on leur imposait, que pouvaient faire les évêques? S'il leur arrivait, poussés à bout, de sévir, de retirer toute juridiction à des prêtres qui déshonoraient leur ministère, l'appel comme d'abus était là pour les obliger à

_____

(1) Les légistes justifiaient cette prétention en vertu de l'*altum dominium* dont jouissaient les princes, selon eux, dans toute l'étendue de leur territoire. C'était la notion césarienne du pouvoir.

se souvenir qu'ils n'avaient plus, en vertu du droit de régale, qu'une autorité dérisoire (1).

Nous touchons ici à une plaie bien profonde, une des plus
terribles, des plus mortelles, qui aient affligé la société religieuse d'autrefois. Elle a sa place parmi les causes de disso-
lution sous l'influence desquelles l'ancien régime devait suc-
comber. Ces intrus après tout, dont la régale avait infesté le
sanctuaire, ne pouvaient être que des démolisseurs. Soute-
neurs du Jansénisme au dix-septième siècle, disciples d'une
philosophie sceptique et railleuse au dix-huitième, nous
les retrouvons, à une époque plus rapprochée de la nôtre,
prêtres apostats, ardents à participer à tous les excès de la
Révolution, et à figurer au premier rang dans ses saturnales.

On comprend, en présence de tels abus, combien l'Eglise
avait sagement fait de restreindre l'application du droit de
régale aux seuls diocèses qui y étaient soumis, par suite d'un
titre de fondation ou d'une coutume déjà ancienne (2). Un
de ses conciles généraux avait promulgué à cet effet un canon
extrêmement sévère. L'excommunication *ipso facto* était prononcée contre tout souverain qui, usurpant les droits de

---

(1) Voici ce que dit Fleury, lequel certes n'est pas suspect : « La
» grande servitude de l'Eglise gallicane, s'il est permis de parler ainsi,
» c'est l'étendue excessive de la juridiction séculière... Ainsi, on ôte
» aux évêques la connaissance de ce qui leur importe le plus : le choix
» des officiers dignes de servir l'Eglise sous eux, et la fidèle adminis-
» tration de son revenu ; et ils ont souvent la douleur de voir, sans le
» pouvoir empêcher, un prêtre incapable et indigne se mettre en pos-
» session d'une cure considérable, parce qu'il est plus habile plaideur
» qu'un autre, ce qui devroit l'en exclure. Enfin, les appellations comme
» d'abus ont achevé de ruiner la juridiction ecclésiastique. » (Fleury,
Nouveaux opuscules, p. 166 et 167.)

(2) La régale ne s'étendait pas sur tous les diocèses du royaume. Il
y avait exception pour un certain nombre, notamment pour ceux du
Languedoc, de la Guyenne, de la Provence et du Dauphiné.

l'Eglise dans les diocèses où l'autorité royale n'avait rien à voir, oserait porter la main sur leurs revenus, et disposer de leurs bénéfices.

Mais un canon d'un concile du treizième siècle (1) paraissait bien vieux, bien suranné, à des légistes formés à l'école de Machiavel, et aux yeux de qui les lois ecclésiastiques cessaient d'être obligatoires pour les princes, dès qu'elles pouvaient mettre des bornes à leur puissance.

Déjà le parlement de Paris avait essayé d'introduire une maxime nouvelle, contraire à la jurisprudence jusque-là en vigueur. De même que la couronne du roi est ronde et sans être partagée, disait-il, de même Sa Majesté a un droit universel de régale sur toutes les églises (2). Ce raisonnement, en vérité, était étrange : il s'écartait dans ses conclusions des règles les plus élémentaires de la justice ; il n'en avait pas moins eu assez de succès auprès des autres cours du royaume, pour que les évêques s'en montrâssent émus, et fissent dès lors avec courage tout ce qui dépendait d'eux pour l'empêcher de prévaloir dans la pratique. C'est ainsi, que sous Henri IV, en 1609, et depuis, sous Louis XIII, ils avaient pris dans leurs assemblées les résolutions les plus énergiques en vue de mettre à l'abri des prétentions de la couronne les diocèses où la régale n'avait jamais été établie (3).

Louis XIII avait fait paraître, dans cette circonstance, un désintéressement remarquable. Ses prédécesseurs avaient donné à la sainte chapelle du Palais la jouissance des revenus provenant de la vacance des sièges. Il statua que ces revenus seraient remis, dans chaque diocèse, à l'évêque

(1) Second concile général de Lyon, MCCLXXIV, Can. XII.

(2) Procès-Verbaux du clergé, t. IV, p. 312. Rapport de Bosquet sur la régale.

(3) *Ibid.*

nommé, aussitôt après sa prise de possession, et, pour dédom-
mager la sainte chapelle, il lui adjoignit, à titre perpétuel,
une abbaye (1).

Malheureusement, cette ordonnance royale avait été réduite presque à l'état de lettre-morte par le mauvais vouloir
de magistrats frondeurs et hostiles aux libertés de l'Eglise.
La chambre des comptes de Paris et celle de Montpellier
n'avaient cessé de recourir aux mesures les plus vexatoires,
mettant les biens vacants au séquestre, et exigeant des nouveaux pourvus, quels qu'ils fussent, des frais d'enregistrement
où s'engloutissaient tous « les économats et dons de fruits »
qu'ils avaient obtenus du roi. Le serment de fidélité des
évêques était resté, en dépit de toute protestation, soumis à
leur contrôle, c'est-à-dire à leur arbitraire fiscal, et l'on pouvait citer des prélats qui, pour ne l'avoir point fait enregis-
trer (le droit de régale ne les atteignant pas d'ailleurs),
s'étaient vus, pendant quinze et vingt ans, et même davantage, privés de la faculté de conférer des bénéfices sans
avoir à compter aussitôt avec les désagréments d'un procès (2).

Une telle situation était intolérable : le clergé s'en était
plaint amèrement à Louis XIII.

Alors ce prince, désireux d'en finir avec des contestations
de cette nature, et pour déterminer d'une façon certaine les
évêchés sur lesquels il pourrait jouir à l'avenir du droit de
régale, avait fait expédier à toutes les églises l'ordre de remettre à une commission prise partie dans l'épiscopat, partie
dans son conseil, les actes et les titres qui justifiaient leurs
privilèges (3).

(1) L'abbaye de St-Nicaise. *Ibid.*
(2) Les procès-verbaux citent notamment les évêques de Lombez et
du Puy comme ayant été dans ce cas, t. IV, p. 312.
(3) *Ibidem.*

Tous les diocèses sans exception s'étaient exécutés ; mais la mort du roi était arrivée sur ces entrefaites, et l'on n'avait plus entendu parler depuis de la commission, ni du résultat de ses travaux.

Les abus pourtant n'avaient pas cessé ; bien au contraire : les tendances du pouvoir à s'arroger des droits sur les églises exemptes n'avaient fait que s'accentuer chaque jour davantage.

L'assemblée de 1655 estima qu'il était de son devoir de faire opposition le plus qu'elle pourrait à ces tendances.

Elle chargea donc l'évêque de Lodève de présenter un rapport où le gouvernement serait supplié de hâter le travail de révision qui devait, en précisant la portée et l'étendue de ses droits, lui permettre aussi de s'éclairer sur leurs limites.

Le rapport de Bosquet fut tel qu'on l'attendait de lui, de son talent et de sa science, dans une cause comme celle-là surtout, où il s'agissait d'un intérêt majeur pour l'Eglise (1).

Mazarin assistait ce jour-là à la séance. Etranger à notre nation, peu versé dans la connaissance de nos origines et des vieilles traditions de nos diocèses, le cardinal ne comprenait pas trop la légitimité d'une distinction, en vertu de laquelle certains évêchés pouvaient être déclarés exempts des servitudes de la régale, alors que d'autres y étaient assujettis. Homme politique plus qu'homme d'Eglise, et ministre avant d'être cardinal, il lui paraissait difficile d'admettre que l'autorité du souverain d'un grand pays ne fût pas la même pour tous, qu'elle fût réduite à l'impuissance de faire passer sur tous le même niveau, quand tous étaient ses sujets au même titre ; tout cela, du reste, de très bonne foi, et sans penser à mal. Il en fit sur-le-champ l'observation au rappor-

(1) C'est de ce rapport que nous avons tiré tous les détails qui précèdent (V. le tom. IV des procès-verbaux, *loc. cit.*)

teur, en le priant de lui fournir sur cette question les éclaircissements qui lui manquaient (1).

Voici quelle fut, d'après les procès-verbaux auxquels nous
l'empruntons textuellement, la réponse de l'évêque de Lodève :

« De toute antiquité, les Eglises cathédrales ont joui de
» leurs libertés, sans que les rois eussent aucune jouissance
» des fruits des évêchés vacans, ni collation de bénéfices.
» Mais, sur le déclin de la deuxième race de nos rois, dans
» les désordres des guerres, et dans la licence extraordi-
» naire de la puissance des seigneurs temporels, les églises
» vacantes étoient exposées à leur usurpation et à leur violence,
» et même (les officiers des rois, les ducs et comtes, se saisis-
» sant des fruits des terres des évêchés, sous prétexte qu'il y
» en avoit de féodales et qui dépendoient d'eux, ou sous
» couleur de la protection et défense qu'ils sont obligés de
» donner à l'Eglise), quelques particulières églises s'avisèrent
» de choisir en quelques endroits, où la puissance des rois
» étoit entièrement reconnue, les rois pour défenseurs ou
» avocats, et en d'autres lieux, les ducs, comtes et autres
» puissants seigneurs qui jouissoient de plusieurs droits
» royaux, pour protéger et défendre les Eglises pendant leur
» viduité. Mais, par l'abus qui se glisse facilement dans les
» choses humaines, au lieu que cette défense ne disoit simple-
» ment que la garde et la conservation des biens, elle fut
» changée en saisie et jouissance des fruits ; et, parce que ce
» droit de protection et défense, parlant généralement, est
» royal, et que les rois l'ont acquis en quelques Eglises, par
» des fondations qu'ils y ont faites, il fut appelé *régale* ou
» *regalia*.

» Les rois, ayant succédé aux ducs et comtes qui avoient

(1) T. IV des procès-verbaux, p. 312.

»eu ce droit, l'ont uni à leur couronne avec leurs duchés et
»comtés, et, par ce moyen, en ont joui en plusieurs églises,
»non point par un droit royal universel, mais par ce droit
»particulier qui a été expliqué en la manière la plus proba-
»ble et la plus conforme à l'histoire.

» Il se trouve même qu'en plusieurs endroits ce n'étoit
»qu'un droit féodal et que le roi, faisant saisir pour la Ré-
»gale les biens des éveschés, ne comprenoit dans la saisie
»qne les fiefs relevant de lui. Et comme ce droit étoit acquis
»au roi presque sans titre et par une longue possession,
»les rois n'ont jamais prétendu avoir droit de Régale ès
»églises où ils n'avoient point une possession immémoriale et
»qui avoient conservé leur liberté par la coutume et le droit
»commun (ainsi dans le comté de Provence où les comtes n'ont
»jamais joui du droit de Régale et qui ne l'ont remise au
»roi qu'à condition de maintenir ses privilèges), ou qui la
»vérifioient par titres et par actes, ou qui en avoient obtenu
»l'exemption par privilèges des rois (comme l'évêché
»d'Auxerre et plusieurs autres); et en telle sorte que, des
»plaintes ayant été portées par le Concile général de Lyon,
»tenu sous Grégoire X, en 1724, il fut défendu d'introduire
»de nouveau ce droit de Régale; ce qui fut gardé exacte-
»ment en France où avant le Concile et depuis, lorsqu'il
»étoit question de savoir si le roi avoit le droit de Régale en
»quelque église, le Parlement jugeoit contre le roi, s'il ne
»prouvoit pas qu'il fût en possession quarante ans auparavant,
»et toutes les fois que les officiers du roi, qui ont une incli-
»nation naturelle à étendre leur pouvoir ont voulu entre-
»prendre de saisir les fruits des églises non sujettes à la
»Régale, les rois n'ont point fait difficulté, sur les plaintes
»du clergé, d'en donner leurs déclarations, comme Louis le

»Jeune a fait pour la province de Bordeaux, Philippe le Bel
»pour la province de Narbonne et d'autres églises, et jamais
»dans toutes les chartres, ordonnances et actes, où ils parlent
»du droit de Régale, ils ne disent qu'ils aient ce droit dans
»toutes les églises, mais seulement dans quelques églises de
»leur royaume.

»Suivant cet ordre, dans un registre fort ancien de la
»chambre des comptes de Paris, il se trouve le dénombre-
»ment des églises particulières qui sont sujettes à la Régale
»et l'exemption des provinces de Narbonne, d'Arles, d'Auch,
»de Bordeaux, et de quelques églises des autres pro-
»vinces.

»Il ne faut donc point s'étonner si plusieurs églises de
»France prétendent n'être point sujettes à ce droit et
»demandent que le roi déclare leur liberté par un juge-
»ment après lequel ses officiers n'en puissent pas douter;
»que si elles ne sont pas pourvues plutôt ç'a été parce
»qu'elles n'ont pas été troublées dans leur possession. Mais
»dès lors que le Parlement a voulu étendre ce droit sur
»toutes les églises (ce qui est depuis peu de temps et qu'il
»n'a déclaré qu'en un arrêt d'audience de l'an 1608), le
»clergé a porté ses plaintes au roi et, pour parvenir à l'éclair-
»cissement de ce droit, on a pris, du vivant du feu roi,
»l'ordre qui a été ci-devant rappelé (1).»

La réponse de l'évêque de Lodève était certes très explicite.

L'origine probable et historiquement la plus acceptable
de la Régale, concédée aux princes à la suite de fondations
dont ils étaient les auteurs, ou en vertu des droits qu'ils
pouvaient exercer sur leurs fiefs, mais dans un cas comme

____

(1) Procès-verbaux, t. IV, p. 312, 318.

dans l'autre le caractère essentiellement particulier et restreint de ce privilège ; les décisions jusque-là respectées
d'un grand Concile qui l'avait renfermé sous peine d'anathème dans d'infranchissables limites ; les déclarations de
plusieurs rois affirmant l'impuissance où ils étaient, en face
de la religion et de la justice, de passer outre, et forçant eux-
mêmes leurs officiers à ne rien entreprendre contre les
biens des diocèses qui ne dépendaient pas de la couronne ;
témoignage plus grave encore, certains arrêts rendus par les
parlements contre les rois, s'il arrivait à ceux-ci de méconnaître les prérogatives traditionnelles et incontestées des
églises exemptes; la nouveauté enfin des prétentions par
lesquelles on voulait ruiner cet ordre de choses au risque de
mettre des entraves partout au libre fonctionnement de la
juridiction ecclésiastique ; tout cela, Bosquet le faisait ressortir, et il eût été difficile vraiment d'apporter des explications
plus nettes, plus précises, dans ce débat, de les soutenir
surtout avec l'autorité d'un plus grand savoir. Mazarin se
déclara convaincu et promit aux évêques lésés d'appuyer
de tout son crédit auprès du Trône leurs réclamations,
auxquelles il voulait bien maintenant convenir que le Pouvoir devait faire droit pour rester juste (1).

Au surplus, toute question de principe mise à part, et à
ne juger que les conséquences des abus d'autorité dont on
se plaignait, jamais il n'avait été mieux prouvé que depuis
tantôt un siècle par les monstruosités révoltantes que le
droit de Régale avait sanctionnées ou qu'il avait simplement
servi à couvrir, combien le clergé de France avait raison
de revendiquer hautement ses libertés.

(1) Procès-verbaux, t. IV, 313.

Les guerres de religion et les guerres civiles avaient causé un affreux renversement de l'ordre dans l'Eglise. Des bénéfices ecclésiastiques enlevés à leurs titulaires naturels avaient été livrés par Henri IV, sous couleur de récompenses, aux officiers de sa maison ou de son armée dont il voulait reconnaître les services. Tels ducs, tels maréchaux étaient devenus propriétaires d'évêchés. Des abbayes d'hommes avaient été adjugées à des femmes du monde. L'abbaye de Saint-Germain-des-Prés, pour ne citer que celle-là, était restée quelque temps entre les mains d'une princesse engagée dans le mariage. Enfin, dans cette distribution des biens d'église, où ne présidait aucune règle, où le bon plaisir royal seul faisait la loi, des protestants même avaient eu leur part, et on les avait vus en faire un trafic. Sully, mis en possession d'une abbaye, l'avait vendue plus tard au duc d'Uzès. Le maréchal de Bouillon, gratifié d'une pension de 6000 livres sur l'abbaye d'Igni, l'avait cédée au duc de Bouillon de la Marck dont il était le débiteur (1).

Singulière façon, en vérité, pour le nouveau chef de la maison de France, d'entendre et de pratiquer le droit de collation des bénéfices, qui voulait être entouré de tant de réserve ! Depuis l'époque déjà lointaine où le trône était occupé par les rois de la seconde race, on n'eût pas rencontré dans notre histoire d'autres exemples d'un arbitraire aussi inique. L'Eglise, en ces temps-là, s'était défendue comme elle pouvait, par des lois sévères. Ces lois n'avaient jamais cessé d'être obéies.

Que des souverains disposâssent de positions ecclésiastiques lucratives en faveur de prêtres courtisans, dépourvus entièrement de l'esprit de leur état, et qui ne se recom-

(1) Extrait de l'hist. mss., procès-verbaux du clergé, t. IV, p. 127 en note au bas de la page.

mandaient pas précisément à la bienveillance du pouvoir
par l'intégrité de leurs mœurs, c'était déjà un malheur très
grand, et dont ceux qui avaient quelque souci de l'honneur
du saint ministère ne pouvaient que beaucoup gémir ; mais
enfin, tels qu'ils étaient, ces titulaires n'en faisaient pas
moins partie de la famille du clergé ; membres indignes si
l'on veut, de cette famille, mais membres effectifs et absolument irrécusables, ils pouvaient avoir charge d'âmes et remplir toutes les fonctions auxquelles les revenus des bénéfices
dont on leur donnait la jouissance devaient rester attachés par la volonté expresse des fondateurs. Que maintenant la fantaisie du prince allât plus loin, que des
biens ecclésiastiques, qui ne devaient être donnés qu'à des
clercs, fussent attribués à des laïques, à des protestants
et à des femmes, voilà qui dépassait toutes les bornes.

Il est vrai que Louis XIII avait mis fin aux plus criants de
ces scandales ; néanmoins il en restait encore assez, en 1656,
pour que les députés du clergé fussent pleinement autorisés
à protester au nom de l'Eglise. Les évêchés demeuraient
trop longtemps sans titulaires ; on parlait d'une abbesse fort
bien en cour, l'abbesse de Fontevrault, laquelle retirait
d'une communauté d'hommes une pension assez ronde (1).

(1) L'abbaye de Relce, au diocèse de Léon, étant venue à vaquer par
la mort de l'évêque, le roi y avait nommé l'abbé de Feuguières. En
même temps, il avait mis sur cette abbaye une pension de 4000 livres
pour madame l'abbesse de Fontevrault, t. IV, *des procés-verbaux*,
p. 269. Or, le droit Canon portait que le bénificier titulaire devait
jouir entièrement de tout le revenu de son bénéfice. Telle avait été
la décision de plusieurs conciles. Les bénéfices devaient être conférés
sans partage ni diminution, sauf dans les cas suivants que d'ailleurs
les lois ecclésiastiques avaient prévus. Pouvaient recevoir une pension
sur un bénéfice 1° le titulaire qui renonçait à ce bénéfice pour cause de
vieillesse ou d'infirmités, ou qui, pour n'importe quel motif, le rési-
gnait en faveur d'un successeur de son choix ; 2° le bénéficier qui,
consentant à permuter avec un autre, devait avoir un revenu infé-

Ici et là, quelquefois, les bénéfices vacants donnaient lieu à des compétitions à main armée. Tel bénéficier qu'on nommait, le sieur de la Bastide, s'était vu exproprié brutalement de son prieuré par les héritiers de son prédécesseur. Depuis il avait adressé ses plaintes au pouvoir, et depuis dix ans le pouvoir n'avait point su lui faire rendre justice (1). Nombre de gens de guerre enfin, de grands et de petits sei-

rieur à celui du bénéfice qu'il quittait : il avait droit alors à un supplément ; 3° dans les cas litigieux, pour le bien de la paix, le prétendant favorisé était autorisé à servir une rente sur les revenus de son bénéfice à son concurrent évincé. D'autre part, les lois qui défendaient le mélange des deux sexes dans les monastères interdisaient également toute confusion de leurs biens. Il n'était pas plus permis aux femmes de jouir des revenus ecclésiastiques appartenant aux hommes, qu'aux hommes de posséder les bénéfices destinés aux femmes ; que si quelqu'une d'elles se trouvait avoir un revenu insuffisant, on ne pouvait lui octroyer une pension que sur le superflu des autres abbayes de femmes, la plupart d'ailleurs richement dotées. (V. la remontrance de Bosquet à Louis XIV. Bibliothèque nationale. L 5a. 228).

(1) Il s'agissait du prieuré de Saint-Jean-d'Azerac (ou d'Azarac) au diocèse de Saint-Flour. Ce prieuré avait appartenu à François de Beaufort de Canillac. A la mort de celui-ci, le cardinal de Lyon qui, en sa qualité d'abbé de la Chaise-Dieu, avait droit de collation sur ce prieuré, en avait pourvu le sieur Alexandre de Coriolis de la Bastide, conseiller au Parlement de Provence ; mais aussitôt le sieur de Canillac de Dienne, parent du dernier titulaire, se prétendant lésé, avait levé une opposition contre le droit du cardinal et empêché, par les moyens les plus violents, le nouveau prieur de jouir des revenus de son bénéfice. Le Conseil du Roi, il est vrai, était intervenu, et avait rendu même jusqu'à quinze ou seize arrêts en faveur de Coriolis. Mazarin, le chancelier, Louis XIV lui-même, avaient écrit à ce sujet à l'évêque diocésain, au gouverneur, au lieutenant-général et aux intendants de la province, mais tout avait été inutile. Le sieur de Canillac n'avait pas moins persisté dans des prétentions qu'autorisaient d'ailleurs quelques exemples depuis l'extension si abusive du droit de Régale, certains bénéfices ayant été donnés à des titulaires avec la liberté pour ceux-ci de les transmettre à quelqu'un de leurs héritiers ; et Coriolis, ayant voulu faire prévaloir ses droits par l'intermédiaire d'huissiers, les gens de Canillac s'étaient portés contre ces officiers publics aux plus regrettables voies de fait. (Remontrances de Bosquet à Louis XIV.)

gneurs, étaient pourvus de titres de rente sur les biens d'église. Ainsi, les revenus de ces biens dont une bonne partie devait être employée aux frais du culte, à l'ornementation du lieu saint, ou passer dans les mains des pauvres, ne servaient plus, dans ce cas, qu'à alimenter les plaisirs de ces abbés d'aventure et à payer leurs débauches; et tandis que la charge des âmes était abandonnée à des ecclésiastiques à gages, les églises étaient entretenues vaille que vaille par ces prêtres servants, zélés peut-être mais impuissants, réduits qu'ils étaient à la portion congrue, laquelle ne leur donnait pas toujours de quoi vivre.

Des faits de ce genre, rapportés aux députés du clergé, ne pouvaient qu'exciter chez eux un désir plus grand de s'opposer avec toute la fermeté possible aux envahissements de la Régale.

Mazarin leur avait promis son concours. Séguier, de son côté, s'était engagé à prêter le sien, à la sollicitation de Bosquet (1).

Et toutefois les évêques trouvèrent que ce n'était pas suffisant encore.

Il leur sembla que leurs plaintes et leurs remontrances devaient être portées directement au pied du trône par l'un d'entre eux.

On chercha donc pour la circonstance un orateur dans l'assemblée, ou plutôt on ne le chercha pas, on n'avait pas à le choisir, tant il était indiqué d'avance à tous les suffrages.

L'assemblée, en effet, à l'unanimité de ses membres, désigna le nouvel évêque de Montpellier qui, par sa position en cour, par la double autorité de son caractère et de ses

____

(2) Le 3 octobre, Bosquet fut député avec de Marca au chancelier pour solliciter de lui une intervention favorable dans cette affaire de la Régale. (Procès-verbaux du clergé, t. IV, p. 314).

talents, lui paraissait devoir s'acquitter mieux que tout autre d'une mission aussi délicate.

Bosquet fut reçu par le roi en audience solennelle le 23 novembre 1656. L'archevêque de Bourges, les évêques de Vannes, de Sisteron, d'Ayre, de Séez, de Riez, de Valence, et d'autres députés l'accompagnaient.

Très beau de diction, d'allure magistrale avec cette simplicité de grand air qui est le propre cachet des œuvres que le XVIIe siècle nous a laissées, moins remarquable toutefois par les côtés littéraires que par le ton de noble franchise qui y règne, et mieux encore par le tact qui en règle toutes les parties, le discours que Bosquet prononça en cette occasion était de nature à fixer l'attention de Louis XIV et à produire chez lui une impression très profonde.

L'évêque de Montpellier y gardait exactement la vraie mesure, ne la dépassant pas, ne restant jamais en dessous non plus, plein de respect et de déférence pour la majesté royale, mais incapable de lui rien déguiser des vérités pénibles qu'il avait à dire, et dès là que les circonstances l'amenaient à rappeler ses devoirs à un roi, n'hésitant pas à parler en évêque.

« ...... Sire, ce sont les playes de l'Eglise que nous venons »découvrir à vostre Majesté, disait-il, et nous croyons qu'il »nous suffira de les lui montrer pour que sa juste et puissante »main les guérisse.

»Comme le plus glorieux dessein de Dieu sur les hommes »a esté la grandeur de l'Eglise, aussi le premier et le plus »noble projet de sa Providence, en donnant des rois au »monde et de sa prédestination, en les faisant chrétiens, a »esté, non pas d'en faire des conquérans et des maistres de »l'univers, mais bien des protecteurs puissans de cette »mère commune des fidèles. Lorsque le Saint-Esprit nous

— 145 —

»commet la conduite de l'Eglise, il nous oblige de conserver
»sa pureté et de la représenter un jour chaste et immaculée,
»et, lorsque les rois reçoivent leur sceptre de la main toute
»puissante de Dieu, ils luy respondent du repos de l'Eglise,
»et s'engagent à luy faire passer les jours de son pèlerinage
»sur la terre dans une entière liberté. De sorte que, si nous
»devons rendre compte au jugement de Dieu de la pureté de
»la doctrine, de l'ordre, de la discipline et de la juste admi-
»nistration des biens de son église, les princes aussi seront
»comptables devant cet épouvantable tribunal, où de souve-
»rains ils deviendront sujets, si par leur négligence l'hérésie
»a corrompu la pureté de la doctrine, si le schisme a troublé
»l'ordre de la discipline, et si l'avarice ou la violence des
»hommes a usurpé et dissipé les biens ecclésiastiques. C'est
»donc, Sire, pour vostre intérêt autant que pour le nostre
»que nous venons exposer à vostre Majesté l'estat pitoyable
»de l'Eglise de France.»

Rappelant alors l'origine des biens du clergé, il réclamait
hautement pour l'Eglise, au nom de l'histoire et du droit
constamment en vigueur, la faculté de les gouverner par les
lois de son économie, de les dispenser suivant ses besoins, de
les assigner à ceux qu'elle dédiait à son service. «Personne
»ne peut, sans son autorisation, disait-il, les divertir à d'autres
»usages, n'y les transférer à d'autres personnes qu'à celles à
»qui les lois ecclésiastiques les ont destinez........ L'Eglise est
»sortie libre du costé de son Epoux sur l'arbre de la Croix,
»avec l'effusion du sang qui est le symbole des biens spiri-
»tuels, et celle de l'eau qui est l'image des biens temporels,
»aussi a-t-elle esté toujours également jalouse de conserver
»sa liberté en la dispensation de ces deux sortes de biens.»
Et il ajoutait: «De quelle douleur ne doit-elle pas estre tou-
»chée voyant la profusion honteuse que la plupart des pen-
»sionnaires font de ses revenus en des usages profanes? A peine

» les ecclésiastiques peuvent faire leurs fonctions, n'ayant pas
» de quoy entretenir leur vie. Les temples pleurent leur
» nudité et leur solitude, les pauvres périssent par le défaut
» des alimens qui leur sont dus. Au lieu de prières et de
» sacrifices qui réconcilieront le monde avec Dieu, l'on voit
» avec horreur les idoles du luxe et de la vanité encensées
» des parfums des autels qui provoquent la colère divine au
» lieu de l'apaiser. »

Loin de lui, certes, la pensée de rendre Louis XIV respon-
sable de si grands maux. Ils ne s'étaient introduits dans
l'Etat que par une sorte de violence faite à la justice du
prince, à la sainteté de ses intentions, et à la sagesse de ses
conseils. « Le monstre de la guerre seul les avait pu produire. » Mais, cette précaution prise, d'autant plus libre alors
dans sa parole qu'il avait mis davantage à couvert la personne de son souverain, avec quelle force, quelle véhémence,
il s'élevait contre l'arbitraire qui avait appelé de simples
laïques en participation de bénéfices qui ne devaient appartenir qu'au clergé! et en même temps, quelle peinture
vigoureuse sous l'ironie mordante de ces apostrophes : « Pour
» jouir des revenus ecclésiastiques, il faut estre clerc pour le
» moins; et quelle est la cléricature de ces nouveaux pen-
» sionnaires? s'écriait-il. Dirons-nous qu'une perruque pou-
» drée et bouclée avec artifice, ou une longue chevelure
» flottante sur les épaules soit leur tonsure ecclésiastique ?
» Un casque sera-t-il leur bonnet? Une cuirasse ou une cotte
» d'armes seront-elles la soutane de leur humilité ou le
» surplis de leur innocence? Les cartes, ou les dez, ou les
» armes souvent trempées dans le sang chrétien, seront-ce le
» bréviaire qu'ils doivent avoir dans les mains? Les camps
» et les armées, où les paroles impures et les blasphêmes des
» soldats et des goujats se font entendre de toutes parts,
» seront-ce les temples et les chœurs où les clercs chanteront

»des louanges à Dieu, pour les biens que l'Eglise leur donne ?
»En vérité, si ce sont des clercs, ce ne peuvent estre que des
»clercs d'armes que l'Eglise ne connoît point, et qu'elle ne
»souffriroit pas, dans l'ordre de ses canons, au nombre des
»portiers, des balayeurs de ses temples, et des sonneurs de
»ses cloches, qu'après un changement de vie et une sévère
»pénitence. L'Eglise a ses soldats, mais ils ne combattent
»que contre les vices, et ne se servent point d'autres armes
»que des armes spirituelles pour surmonter les démons.
»Nous espérons donc, Sire, que V. M. fera revivre en nos jours
»l'esprit religieux de ses ancêtres.... Nous espérons qu'elle
»ne souffrira point que J.–C. soit contraint de partager ses
»biens avec Belial, par l'employ qui en est fait en des usages
»profanes, et que le service des autels et la nourriture des
»pauvres et des clercs ne sera point diminuée par ces pen-
»sions irrégulières. Nous espérons que ce que l'Église galli-
»cane a rejeté, et que vos prédécesseurs ont défendu, ne
»passera point pour légitime, et que, d'une chose prohibée
»par vos ordonnances et par les arrêts de vos juges, exécu-
»teurs de vos lois, on ne fera point à l'advenir une grâce et un
»bienfait de V. M...»

Puis, après avoir établi d'après les principes du droit-
canon contre l'abbesse de Fontevrault que «les revenus de
»l'Eglise appartiennent aux clercs, parce qu'ils servent
»chacun selon l'obligation de son ordre, à l'instruction des
»fidèles, à l'administration des sacrements, et au service des
»autels», et conséquemment que les femmes « qui doivent se
»taire dans l'Eglise, qui ne peuvent approcher du sanctuaire,
»ny toucher les choses saintes, ny dispenser les sacrements
»ne sauraient jouir des biens qui ne sont donnez qu'en vue
»et en reconnaissance de ces fonctions ecclésiastiques;»
après avoir demandé au roi avec instance de protéger effi-
cacement les droits du sieur de la Bastide et de mettre tou-

jours l'honneur de son règne à réprimer toute tentative capable de blesser l'Église dans l'usage d'une de ses plus précieuses libertés, il ne craignait pas de montrer à ce prince dans l'histoire de ses ancêtres, comment la Providence avait élevé la gloire des uns et châtié les autres, suivant qu'ils avaient compris ou méconnu les obligations de leur titre de fils aînés de l'Église et de protecteurs de ses intérêts.

« Les princes qui sont hors du sein de l'Eglise, disait-il,
» n'employent leur puissance que pour les choses de la terre ;
» mais celle des rois très chrestiens, animés de l'esprit
» presque sacerdotal que l'onction sacrée leur donne, sert à
» la grandeur du royaume de J.-C., en repoussant par la force
» les violences que la discipline ecclésiastique ne peut répri-
» mer. Par l'exercice de cette puissance, Pépin confirma la
» royauté dans sa famille, et Charles, son fils, y fit entrer l'em-
» pire, et acquit le nom de Grand, parce que tous deux
» employèrent leurs armes à restablir les papes dans la
» jouissance des biens de l'Eglise, dont les rois des Lombards
» les avoient dépouillez.

» Si la protection des biens ecclésiastiques couronne la fa-
» mille de Charlemagne d'un si grand éclat, l'histoire nous
» enseigne que cette splendeur commença à se ternir par la
» négligence de Charles-le-Chauve, son petit-fils. Car, pour
» n'avoir pas fait châtier les usurpateurs des biens de l'Eglise,
» la providence divine l'obligea de laisser aux Normans une
» partie de son royaume par une paix honteuse, tant il est
» vray, et la suite de douze siècles nous le justifie, que cet
» Estat n'a esté heureux que lorsque vos ancêtres ont donné
» une entière protection à l'Eglise et à ses biens. Les plus
» sages, et les plus pieux, et les plus victorieux d'entre eux,
» ont toujours préféré à leurs propres intérêts la gloire de
» cette mère, suivant l'enseignement de Philippe-Auguste,
» que saint Louis laissa par son testament au roy Philippe,

»son fils, et par luy à ses successeurs. Ils ont cru que c'estoit
»leur véritable grandeur d'empêcher, mesme par la perte
»de leurs droits temporels, la division dans l'Eglise, la di-
»minution en sa liberté. et la dissipation en ses biens... »

Quant au retard si fréquemment apporté par le pouvoir à
la nomination des évêques, il était dans les diocèses la source
de bien de désordres. Bosquet s'en plaignait à Louis XIV en
ces termes éloquents et émus : « Lorsque les princes chres-
»tiens ont esté subrogez au droit des électeurs aux évêchés
»vacans, par la nomination qui leur a esté accordée par les
»papes, ils ont esté associez à cette portion de la puissance de
»l'Eglise pour en user en la mesme manière qu'elle la devoit
»exercer. Elle leur a esté communiquée pour les rendre plus
»favorables à exécuter les lois ecclésiastiques, et non pas
»plus puissants pour les détruire. Or, ces lois ont prescrit un
»certain temps dans lequel les élections doivent estre faites ;
»et le concordat, passé entre Léon X et François Ier, qui a
»donné naissance à la nomination royale, telle qu'elle est à
»présent, a borné ce temps à l'espace de six mois. Et quand
»les canons, les concordats et les lois publiques de ce royaume
»n'auroient point limité de temps, la raison et la nécessité de
»l'Eglise ne souffriroient pas un plus long retardement.
»L'Eglise, par la mort de son évesque, demeure veuve. C'est
»une mère chargée d'enfans qui n'ont point de père pour
»les nourrir, pour les élever et pour régir la famille. C'est
»une armée attaquée par des ennemis puissans, qui n'a
»point de général pour la mettre en ordre, la ranger en
»bataille et la mener au combat. C'est un bercail assailly de
»toutes parts des loups ravissans, qui n'a point de pasteur
»pour le deffendre. Dans ce pitoyable estat de viduité, les
»principales fonctions sacrées cessent dans l'Eglise, parce
»qu'elles dépendent de l'évesque. Les lois saintes sont négli-
»gées parce qu'il n'y a point de sacré magistrat légitime qui

»les anime et les fasse valoir ; les vices règnent avec impu-
»nité parmy les chrestiens, parce que la censure épiscopale
»ne corrige pas les coupables. Hélas! de combien de maux
»cette viduité est-elle la source infortunée ! l'évesque n'or-
»donne plus des prêtres, et les peuples sont privez souvent
»des sacremens que ces prêtres leur administroient. L'évesque
»ne fortifie plus les fidèles de la vertu du Saint-Esprit par la
»confirmation, et les fidèles pleurent, dans leur chûtes fré-
»quentes, leur foiblesse contre les tentations. L'évesque ne
»distribue plus aux chrestiens le pain de la parole divine ; et
»la faim de cette nourriture sacrée dessèche et affaiblit les
»âmes. L'évesque ne règle plus la discipline de l'Eglise, et
»les peuples gémissent de voir, après la désolation de leurs
»temples, le déréglement du service divin et les scandales qui
»les offensent de toutes parts... De là, Vostre Majesté jugera
»sans peine combien il importe qu'elle nomme promptement
»aux éveschez vacans. Par ce moyen, elle satisfera aux obli-
»gations de sa conscience ; elle préviendra les désordres et
»les confusions dont une église veuve est accablée ; elle sé-
»chera les larmes de sa viduité, elle luy rendra la vigueur
»et la force qu'elle avoit perdue par la mort de son époux.
»Ce sont, Sire, les très humbles prières que le clergé de
»vostre royaume fait à Vostre Majesté par ma bouche... (1)»

Paroles magnifiques que celles-là, et vigoureuses, où s'affirmaient les saintes préoccupations d'une âme vraiment sa-
cerdotale et le zèle d'un grand évêque (2). Louis XIV en

---

(1) Remontrances du clergé de France faites au Roy par Monseigneur
l'illustrissime et revendissime François de Bosquet, évêque de Montpellier, assisté de Messeigneurs les archevesque de Bourges, évesques
de Vannes, de Sisteron, d'Ayre, de Seez, de Riez et de Valence, et
autres desputez. (Paris, Antoine Vitré MDC. L. VI, bibliothèque nationale, L. 5 ª 228).

(2) Les évêques qui avaient accompagné Bosquet chez le roi rendirent hommage en pleine assemblée à son énergie. Nous lisons dans

fut touché. Il s'engagea à tenir compte des observations qui lui étaient soumises et des prières que le clergé de France venait de lui adresser par l'organe d'un des prélats les plus autorisés et les plus justement estimés de son royaume (1).

On pouvait donc espérer que la question de la régale ne resterait pas longtemps sans solution et qu'on en verrait bientôt finir les abus.

les procès-verbaux : « Tous Messeigneurs qui ont assisté à cette remon-
»trance ayant témoigné que monseigneur de Montpellier avoit parlé
»avec tout le zèle et toute la vigueur possible, et représenté avec beau-
»coup de force et d'éloquence les intérêts de l'Eglise, l'assemblée l'a
»remercié de la peine qu'il avoit prise et l'a prié de vouloir lui rappor-
»ter les principaux points de sa remontrance ; ce qu'il a fait. Ensuite de
»quoy il a esté ordonné qu'elle seroit imprimée séparément et insérée
»dans le procès-verbal » ; t. IV, p. 273. C'est d'après cette édition séparée,
conservée à *la Bibliothèque nationale*, que nous avons reproduit les
extraits ci-dessus du discours de l'évêque de Montpellier. Ce même
discours a été publié plus tard dans le volume des *Remontrances*.

(1) Louis XIV se défendit pourtant d'avoir accordé aucune pension,
que le Pape ne l'eût approuvée : ce qui était vrai, au moins pour le
cas de Mme de Fontevrault. Mme de Fontevrault était chef d'ordre ;
elle avait des religieux et des religieuses sous sa conduite. Le souverain
Pontife avait cru devoir, pour cette raison, céder aux instances, d'ailleurs très vives, du gouvernement français, et autoriser cette abbesse
générale à recevoir une pension. *sous un titre d'aumône*. Voici, toujours
d'après les procès-verbaux (t. IV, p. 273), la réponse que Bosquet fit à
Louis XIV : « Il répliqua que le clergé de France recevroit toujours
»avec respect tout ce qu'il plairoit à Sa Majesté de lui dire ; mais qu'il
»étoit obligé de lui représenter qu'encore qu'il reconnoisse le Pape
»pour le chef de l'Eglise universelle et qu'il reçoive avec une très res-
»pectueuse obéissance ce que Sa Sainteté ordonne pour la religion,
»pour la doctrine et pour la police générale de l'Eglise, suivant le pou-
»voir qu'elle en a, néanmoins l'Eglise gallicane jouit de certains droits,
»franchises, libertés et privilèges dont les rois, prédécesseurs de S. M.,
»se sont toujours glorifiés d'être les protecteurs ; qu'ils ont empêché que
»tout ce qui a été ordonné contre lesdits droits et franchises ait été
»exécuté dans ce royaume, et que le clergé de France estimoit que
»quand le Pape seroit bien informé du préjudice que ses sortes de pen-
»sions, établies contre le droit commun, apportent à ses libertés et
»aux usages reçus, S. M. n'ordonneroit rien de contraire. »

Malheureusement, il y eut des lenteurs regrettables dans la transmission des ordres de Sa Majesté. Plus tard, on se heurta contre des difficultés de procédure. Bref, l'Assemblée générale était sur le point d'achever ses séances qu'aucune mesure n'avait été prise encore pour donner satisfaction aux vœux des évêques.

Le 4 avril 1657, presque aux derniers jours de cette session, quelques députés s'étaient rendus chez le cardinal : Bosquet était du nombre (1). De quoi pouvait-il être question, dans cette visite, sinon des abus qui ne cessaient point et de la nécessité qui de jour en jour se faisait plus impérieusement sentir d'y apporter un prompt remède? La conversation sur ce sujet était devenue très vive, lorsque Louis XIV, qu'on était loin d'attendre en ce moment, entra sans se faire annoncer.

Pour les députés ce n'était évidemment pas le cas de se taire. Ils exposèrent au roi les réclamations qu'ils étaient venus prier Mazarin de lui transmettre.

Louis XIV se montra bon prince. Il ne s'offensa point. Il affirma au contraire sa volonté de réaliser les réformes promises. Il ajouta seulement que, ses procureurs généraux dans les parlements n'ayant point reçu communication des pièces produites par les diocèses, l'instance générale de la Régale ne pouvait être présentement jugée à fond (2).

Cette réponse, on le conçoit bien, n'était satisfaisante qu'à moitié ; elle laissait subsister toujours un gros point noir, elle maintenait le *statu quo*, c'est à dire que, jusqu'à nouvel ordre, elle soumettait encore les bénéfices au régime de l'arbitraire qui avait déjà causé tant de troubles.

(1) T. IV des Procès-Verbaux, p. 316.
(2) *Ibid.*

Bosquet, dans sa franchise, ne put s'empêcher d'en faire l'observation à Sa Majesté.

Lorsque le mal était si grand, lorsqu'on s'accordait unanimement à reconnaître qu'il méritait d'être combattu au plus vite, pourquoi attendre que les commissaires du Conseil, chargés d'examiner la valeur des droits d'exemption mis en avant par quelques églises, eussent fait leur enquête et terminé leur rapport? Pourquoi le Roi, par exemple, ne publierait-il pas une ordonnance aux termes de laquelle il déclarerait ne vouloir jouir du droit de Régale que dans les limites où ses prédécesseurs en avaient eux-mêmes joui (1)? Cette solution n'était-elle pas la plus simple et la plus sage, et ne garantissait-elle pas tous les intérêts?...

Louis XIV voulut bien être de cet avis, et ce fut le plus gracieusement du monde qu'il promit à l'évêque de Montpellier de donner toute satisfaction sous ce rapport au clergé de France (2).

C'était un vrai succès que cette promesse. Hélas! autant en devait emporter le vent bientôt. Sincère peut-être quand elle fut faite, des considérations d'ordre politique et l'orgueil de l'absolutisme chez un prince que sa gloire enivrait ne tardèrent point à pousser Louis XIV à s'en affranchir.

Les empiètements donc ne cessèrent pas; ils s'accrurent au contraire de plus belle. Le gouvernement s'engagea peu à peu dans des mesures dont la nécessité ou la régularité aurait été peut-être difficile à justifier, et il en vint, d'abus en abus, à exercer le droit de Régale avec une plénitude d'autorité qu'on avait de la peine à concilier avec l'exactitude des maximes ecclésiastiques (3).

(1) T. IV des Procès-Verbaux, *loc. cit.*
(2) Procès-verbaux du clergé, *loc. cit.*
(3) Hist. de Bossuet par le card. de Bausset, liv. VI, n° 8, p. 130 et 138.

Une déclaration de 1676 étendit la Régale à tous les évêchés du Royaume, à ceux du Languedoc, de la Provence et
du Dauphiné, comme aux autres. Ordre tyrannique s'il en fut
et dont les conséquences ne pouvaient être que très funestes!
Ramener l'investiture par la crosse et l'anneau, changer le
bénéfice en fief ou en emploi, faire évaporer l'esprit de l'ins-
titution bénéficiaire pour ne laisser subsister que le *caput*
mortuum, c'est à dire la puissance civile et l'argent (1),
voilà à quoi l'on tendait par cette injuste violation de la
liberté et de la propriété de l'Eglise.

Et l'Episcopat français pourtant laissa faire.

« Qui d'entre vous a parlé devant le roi pour une cause
si intéressante, si juste et si sainte ?». dira un jour Innocent XI
aux évêques, dans une lettre indignée (2). Personne n'avait
parlé en effet, on n'avait su que s'incliner devant l'inflexible
hauteur d'un prince despote, aux yeux de qui c'était un
crime irrémissible que de résister à son bon plaisir.

> Tout doit céder dans l'univers
> A l'auguste héros que j'aime (3).

Et quand les évêques avaient abdiqué ainsi leur indépendance, quand ils étaient entrés, eux aussi, dans le mouvement qui poussait toute une nation, grands et petits, à se
jeter aux pieds d'un homme, on les avait vus écrire au
Pape, sans doute pour excuser leur faiblesse, de faire à son
tour des concessions *au plus catholique des rois, et de n'em-*
ployer que la bonté dans une occasion où il n'était pas permis
d'employer le courage (4).

On sait ce qu'il faillit advenir de tout cela. L'assemblée

(1) De Maistre, œuvres, t. IV de l'Eglise gallicane, liv. 11, chap. II,
p. 120-121.
(2) Hist. de Bossuet, liv. cit., n. 12, p. 161.
(3) Prologue d'Armide chanté sur la scène devant Louis XIV.
(4) Lettre des évêques français à Innocent XI rédigée par Bossuet
L. VI, n° 9, p. 145.

de 1682, choisie de la main même du ministre (1), fut bien près d'imposer un schisme à la France, et il fallut tout le génie de Bossuet pour la préserver d'un si grand malheur.

Quant à l'évêque de Montpellier, depuis six ans il n'était plus de ce monde. La mort l'avait pris assez tôt pour qu'il n'eût ni le spectacle, ni l'épreuve des défaillances où le caractère de tant de ses collègues avait sombré. Sa fermeté ne connut point d'éclipse, et, fort heureusement pour lui et pour nous, nous n'avons pas à défendre sa gloire.

(1) Colbert. — (Examen du syst. gall. Mons. 1803, in-8°, p. 40.)

CHAPITRE V.

Le Jansénisme et la question des Réguliers à l'Assemblée générale en 1657. — Luttes religieuses jusqu'à la paix de Clément IX. — Retraite de Bosquet.

SOMMAIRE. — Relation de de Marca sur tout ce qui a été entrepris par les prélats, dans les diverses Assemblées, sur la question Jansénienne. — La déclaration de M. de Sens à l'Assemblée de 1654 est sévèrement jugée. On lui demande de la rétracter et il s'y décide. — Réconcilié avec les Capucins, l'archevêque de Sens reste en procès avec les Jésuites. — La distinction du droit et du fait. — Le formulaire rendu obligatoire par l'Assemblée de 1660. — Réclamations de M. de Gondrin. — Constitution d'Alexandre VII. — Résistance de quatre évêques. Ils sont soutenus par vingt-deux autres. — Préoccupations de Rome à ce sujet. — Intervention du nonce Bargellini. — Paix de Clément IX. — Bosquet à Montpellier. Il fait signer le formulaire par son Chapitre. — Une lettre de lui à Séguier. — Ses motifs de tristesse.

Pendant que l'assemblée poursuivait la solution des difficultés de la Régale, et depuis la lettre du 6 août 1655 où Bosquet faisait part à Mazarin de la soumission définitive de l'archevêque de Sens, qu'était devenue la question si brûlante du Jansénisme, et où M. de Gondrin en était-il de tous les ennuis qu'il s'était créés par son entêtement ? C'est ce que nous devons dire à nos lecteurs en terminant cette étude.

Les actes des assemblées particulières de 1653, 1654 et 1655 avaient été suffisamment ratifiés, on s'en souvient, par les adhésions qui, à ces diverses époques, étaient arrivées à Paris de bien des points du royaume. Il importait néanmoins de leur donner une consécration plus solennelle et d'affirmer avec éclat, dans une assemblée générale ayant mission

à ce titre de représenter l'Eglise de France, les vrais sentiments de l'épiscopat et du clergé relativement au système
de l'évêque d'Ypres.

Les abbés de Mamiesse et de Villars, qui avaient assisté en
qualité d'agents-généraux aux trois assemblées particulières,
furent donc priés de dresser un rapport de tout ce qui y
avait été entrepris.

Puis, pour faciliter ce rapport et le rendre plus exact, on
adjoignit encore aux agents, sur une motion de Bosquet,
ceux des évêques actuellement députés qui avaient été chargés, dans l'une ou l'autre des assemblées précédentes, d'examiner le livre et les propositions de Jansénius (1).

On les engagea eux aussi à produire des mémoires.

Deux grands mois furent employés à ce travail de rédaction et d'assemblage.

C'est qu'il fallait réunir en faisceau tous les éléments,
tous les documents, capables de convaincre ceux qui se
trouvaient engagés de bonne foi dans le Jansénisme et de
confondre les obstinés. Et avec cet ensemble de faits, avec
ces actes où le clergé de France avait si admirablement
défendu son orthodoxie, que de belles pages à ajouter un
jour à tant d'autres pages glorieuses de ses annales !

De Marca, à qui ce travail avait été plus spécialement
confié, n'écrivait pas seulement pour ses contemporains. Il
avait conscience qu'il écrivait aussi pour l'histoire.

Sa relation achevée, vers la fin du mois d'août, l'assem-

(1) «Le 16 juin 1656... Mgr l'évêque de Montpellier a dit que pour
»faciliter le rapport de mesdits sieurs les agents et le rendre plus
»exact il étoit à propos de prier messeigneurs les commissaires qui
»ont traité cette affaire par ordre des assemblées extraordinaires et
»qui sont presentement dans celle ci de vouloir conjointement avec
»eux dresser un recueil de tous les mémoires qu'ils en ont.»
(Procès-verbaux, t. IV, loc cit.)

blée fixa la date du 1ᵉʳ septembre pour en entendre la lecture.

On avait convoqué pour la circonstance tous les évêques du dehors. Beaucoup s'y étaient rendus, et ce fut un spectacle vraiment beau et imposant que celui qu'offrit ce jour-là la salle des Augustins où les députés du clergé tenaient leurs séances.

La relation de l'archevêque de Toulouse était complète. Depuis l'origine en France de la controverse Jansénienne et les premières démarches faites alors par quatre-vingt évêques auprès du Pape pour le supplier d'intervenir de son autorité suprême dans le débat, jusqu'aux plus récentes résolutions des quinze prélats réunis chez Mazarin en 1655, rien n'y était oublié ; aucun détail n'y était omis ; et les faits gardaient toute leur éloquence dans un exposé sans sécheresse où l'illustre archevêque se bornait à les raconter simplement, mais avec cette clarté, cette limpidité qui fut la marque particulière de son génie.

Naturellement, toutes les pièces du volumineux dossier sur lequel il avait établi son récit y figuraient, et à leur place : il en lut intégralemeut le texte à l'assemblée. La constitution d'Innocent X, et le bref aux évêques de France dont Sa Sainteté l'avait fait suivre ; les lettres adressées par l'assemblée de 1654 au Souverain-Pontife et à tous les prélats du royaume, et qui rendaient si énergiquement témoignage du jugement formulé par elle sur le vrai sens de la constitution ; enfin, le dernier bref du Pape à l'assemblée générale apporté de Rome par Bosquet, tous ces divers documents furent communiqués aux évêques.

Ceux-ci étaient fixés désormais. La relation de Marca terminée, ils n'avaient plus, ce semble, qu'à conclure.

Il leur parut cependant que la situation de M. de Gondrin

manquait par quelque côté de franchise, et, avant que de passer outre, ils voulurent en avoir le cœur net.

L'attitude de l'archevêque de Sens, on le sait, n'avait pas toujours été des plus correctes. Son adhésion à la bulle et sa rétractation, encore de fraîche date, n'avaient point détruit les préventions fâcheuses que des façons d'agir trop cassantes et son opiniâtre entêtement avaient autorisées chez beaucoup. Certains ne lui savaient aucun gré de sa conversion *in extremis* due à l'intervention de Bosquet sans doute, mais en grande partie aussi à la pression du gouvernement. D'autres — c'était, il est vrai le plus grand nombre, — voulaient bien fermer les yeux sur le passé, mais à condition que rien ne subsisterait plus de ce qui pouvait entacher ou infirmer sa soumission, à laquelle ils ne demandaient pas mieux d'ailleurs que d'applaudir.

Et de fait, il existait bien encore quelque chose que l'archevêque de Sens n'avait point songé à effacer ; un acte éclatant qui avait eu pour témoins bon nombre de membres de l'épiscopat, et auquel M. de Gondrin avait ajouté lui-même assez d'importance pour exiger un extrait du procès-verbal qui le relatait.

Nous avons parlé déjà de cet incident (1).

C'était à l'Assemblée de 1654.

Les prélats qui en faisaient partie ayant conclu, après un minutieux examen de tous les textes, à la condamnation par la Bulle des cinq propositions de l'évêque d'Ypres, MM. de Gondrin et de Choiseul étaient venus donner de leur vote une explication malheureuse qui ne pouvait qu'en atténuer la portée, sinon lui enlever toute sa valeur.

Selon eux, il n'appartenait qu'au pape d'interpréter un

(1) V. le chap. III.

acte émanant de lui ; et tant que le Souverain-Pontife ne se serait pas catégoriquement expliqué, on ne serait jamais sûr du vrai sens de la Constitution.

Ils déclaraient donc n'accepter les conclusions de leurs collègues que sous bénéfice d'inventaire, et seulement « pour ne point s'éloiguer du respect qui leur était dû et de l'esprit d'union qui doit être inviolable dans l'Eglise. » Jusqu'à nouvel ordre ils suspendaient leur jugement. Tout au moins entendaient-ils mettre à couvert la doctrine de saint Augustin sur la grâce, le libre arbitre et la prédestination, doctrine que la Constitution d'Innocent X ne pouvait atteindre (1).

Nous avons dit ce qu'il fallait penser de ces réserves. En réalité, — le Pape l'avait suffisamment déclaré, et Bosquet, dans ses lettres, s'était porté assez garant des sentiments du Pape — saint Augustin n'était pas en cause, et la Bulle *Cum occasione* visait une doctrine bien différente de la sienne.

Oui, mais c'était là précisément ce qu'on ne voulait pas entendre. Pour les défenseurs de l'*Augustinus*, le docteur d'Hippone et Jansénius ne faisaient qu'un. La condamnation de celui-ci devait entraîner forcément la condamnation de celui-là ; et l'on n'affectait autant de défendre saint Augustin qui n'avait certes pas besoin d'être défendu, que parce qu'on espérait mieux couvrir ainsi l'évêque d'Ypres.

Les prélats réunis à Paris an 1654 ne s'étaient pas trompés sur cette conséquence des restrictions de M. de Sens et de M. de Cominges. Ils ne les avaient pas vus eusuite, sans une profonde tristesse, demander acte de leur déclaration, comme si de l'avoir faite ce n'était point assez, et mettre

(1) Les évêques de Valence et de Beauvais avaient signé eux aussi cette déclaration ; mais ils s'étaient rétractés depuis.

une solennité tapageuse à accréditer, eux évêques, une confusion que les partisans avérés du Jansénisme ne s'évertuaient que trop à faire prévaloir.

M. de Marca avait glissé un peu légèrement peut-être sur cet incident dans sa relation ; mais ceux à qui il s'adressait le connaissaient bien.

Il y avait là des membres de l'assemblée de 1654.

Quant aux autres prélats, ils n'étaient pas sans avoir appris plus ou moins dans leurs diocèses la fâcheuse attitude de leurs deux collègues, commentée même et grossie peut-être, ainsi qu'il arrive souvent en des cas semblables.

Tous dès lors insistèrent pour que M. de Marca fît le récit exact de ce qui s'était passé, après que le Secrétaire de l'assemblée générale aurait donné lecture des déclarations que MM. de Gondrin et de Choiseul avaient souscrites.

L'archevêque de Toulouse accéda à ce désir.

Le procédé des deux évêques fut sévèrement jugé. On l'estima inconciliable avec le respect dont ils devaient être pénétrés pour les décisions du Saint-Siège, et l'on pensa qu'une rétractation s'imposait à eux, pour peu que leur soumission fût sincère.

L'archevêque de Sens, seul, présent à Paris en ce moment, essaya bien de se défendre (1); mais c'est en vain qu'il donna pour raison de sa conduite le désir qu'il avait eu de protester contre des nouveautés mises en circulation dans son diocèse par quelques ecclésiastiques, lesquels prétendaient que la doctrine de saint Augustin avait été condamnée aussi par la Bulle, on ne trouva pas que ces explications fussent suffisantes.

(1) M. de Cominges ne faisait pas partie de l'Assemblée et se trouvait pour lors dans son diocèse.

Et l'on pria les évêques de Limoges, de Montauban, de Rennes et de Rodez, de se réunir le jour même chez l'archevêque de Toulouse, pour y conférer avec M. de Gondrin et l'engager à prendre des résolutions conformes aux vœux du clergé.

La conférence n'eut pas lieu. M. de Gondrin, retenu chez lui par quelque affaire (1), arriva trop tard au rendez-vous.

Quand il se présenta au logis de l'archevêque de Toulouse, les Commissaires de l'Assemblée étaient partis.

Ceux-ci n'avaient pu qu'interpréter fort mal son abstention et même, vu les dispositions où certains d'entre eux étaient la veille, il est permis de penser qu'elle n'avait pas dû les incliner beaucoup à l'indulgence (2).

Heureusement, le lendemain, l'archevêque de Sens à qui la nuit avait porté conseil vint, dès le début de la séance, apaiser cette irritation.

Ses déclarations à l'assemblée de 1654 constituaient un fait regrettable: il ne pouvait en disconvenir. Mieux valait alors pour lui les désavouer, et c'est à quoi il se décida.

(1) C'est l'excuse dont il se servit et qui est consignée dans les procès-verbaux, *loc. cit.*

(2) La veille, s'il faut en croire une hist. mss. citée par les éditeurs des procès-verbaux, il s'était produit un incident assez vif. On venait de lire les déclarations de M. de Gondrin et de Choiseul à l'assemblée de 1654, lorsque l'évêque de Rennes s'adresant à l'archevêque de Sens, lui dit: « Qu'il étoit un rebelle aux constitutions du Pape, »qu'il falloit lui faire son procès et à l'évesque de Cominges, et que »leurs déclarations étoient suffisantes pour les condamner comme »hérétiques et les déposer. A quoi l'Archevêque répondit d'un ton »plus élevé qu'il ne le craignoit pas, ni aucun autre, et que si l'on »entreprenoit de lui faire son procès, il sauroit bien, par la grâce de »Dieu, se défendre. » (Procès-verbaux, t. IV, p. 196. Hist. mss citée en note au bas de la page.)

« Incontinent, lecture faite du projet des Commissaires »,
disent les procès-verbaux, «M. de Sens a dit conformément
»à iceluy qu'il se soumet sincèrement à la constitution de
»notre Saint-Père le Pape Innocent X, selon son véritable
»sens expliqué par l'assemblée de Mgrs les Prélats, du
»28 mars 1654, et confirmé depuis par un Bref de Sa Sain-
»teté, du 29 septembre de la même année ; non seulement
»pour ne point s'éloigner du respect qu'il doit à ladite
»assemblée et de l'esprit d'union et de paix qui doit être
»inviolable dans l'Eglise, mais aussi à cause qu'il s'y croit
»véritablement obligé en conscience. Et d'autant que Mgrs de
»l'Assemblée ont jugé que les déclarations ci-dessus
»énoncées sont contraires à ce sentiment, il les a révo-
»quées (1). »

Le surlendemain, tous les évêques sans exception signè-
rent le procès-verbal.

L'assemblée renouvela alors et confirma par un décret
toutes les délibérations et résolutions des assemblées de
1653, 1654 et 1655. Elle ordonna, conformément au bref,
que les livres et les écrits, composés et publiés en vue de
défendre ou de favoriser les opinions condamnées, demeu-
reraient prohibés sous les peines portées par la Constitution.
Elle mit ensuite dans un décret une clause aux termes de
laquelle les évêques qui négligeraient de faire exécuter
ses ordonnances seraient exclus de toutes les assemblées
du clergé, soit générales, soit provinciales, soit particulières.
Puis, après s'être déclarée satisfaite de la rétractation de
M. de Gondrin (2), elle décida qu'on écrirait à M. de

(1) Procès-Verbaux, t. IV, p. 197.

(2) Rétractation bien peu sincère, semble-t-il. L'archevêque de
Sens ne devait pas se croire engagé par elle et nous le verrons défendre encore les Jansénistes qui avaient largement payé, dit-on, ses
complaisances.

Choiseul pour le prier d'en faire une autre de son côté dans le même sens et de l'envoyer aux agents généraux du clergé avant un mois.

Ainsi se dénoua, dans les journées des 1er, 2 et 4 septembre 1656, cet épisode de l'histoire du Jansénisme.

Restait la question des Réguliers.

Sur cette question, il n'existait pas le moindre dissentiment dans l'assemblée. Les évêques plaignants et parmi eux le plus autorisé peut-être à se plaindre, M. de Gondrin, étaient certains d'avance des décisions favorables de leurs collègues. Le droit ecclésiastique français, conforme d'ailleurs aux prescriptions des Conciles, était pour eux ; et l'autorité de ce droit se trouvait appuyée dans les diocèses sur des coutumes qu'on n'était point décidé à laisser infirmer par des exemptions abusives.

D'autre part, l'archevêque de Sens, en écartant les obstacles qui s'opposaient à son entière réconciliation avec Rome, venait de se donner aux yeux des religieux opposants de son diocèse une force devant laquelle ils ne pouvaient tarder beaucoup à s'incliner.

Et de fait, au mois de novembre de cette même année, les Capucins de Sens lui envoyaient, avec une lettre d'excuses fort humble, fort contrite, leur soumission (1).

Ils s'engageaient à ne point confesser durant la quinzaine de Pâques, sans une autorisation spéciale.

Ils reconnaissaient à l'évêque le droit de limiter à la fois le caractère et la durée de ses approbations.

En ce qui les concernait, ils acceptaient pour l'avenir d'en demander le renouvellement, le temps expiré ; qu'il s'agît soit du ministère de la parole, soit de l'administration du

(1) T. IV des procès-verbaux, p. 217.

sacrement de pénitence, soit encore de l'absolution des cas réservés à l'évêque.

Soumission très complète, comme on le voit, et tout-à-fait dans les termes des résolutions que le clergé de France avait adoptées à plusieurs reprises.

Les Jésuites, eux, ne mirent pas autant d'empressement à se rendre. Le procès qu'ils avaient engagé contre leur archevêque pour le maintien de leurs privilèges était toujours pendant à Rome. M de Gondrin, de son côté, en attendant une décision, les tenait rigoureusement en interdit. Ils ne remplissaient plus aucune fonction dans son diocèse. Il ne leur était même point permis de prêcher dans leur oratoire.

Ces mesures sévères reçurent pourtant l'entière approbation de l'assemblée. Elle les trouva fort sages, loua beaucoup l'archevêque d'avoir déployé tant de fermeté à soutenir les droits épiscopaux et finalement, à l'unanimité de ses membres, elle résolut d'embrasser sa cause et de l'assister de tout son pouvoir (1).

De ces déclarations énergiques, que résulta-t-il? Nous ne savons. L'effet dut s'en perdre dans le bruit des disputes dont le Jansénisme remplit encore l'Eglise de France, et auxquelles le versatile archevêque eut le tort de prendre une part trop active, toujours, bien entendu, dans les rangs de l'opposition. Au moment où sa situation s'arrangeait à Rome et alors que le nouveau Pape se disposait à lui tenir compte de son retour à une franche orthodoxie, il ne sut point résister à certaines influences de Port-Royal, ni se garder assez d'entraînements dont la première et infaillible conséquence devait être d'amener la cour pontificale à remettre en doute sa sincérité.

____

(1) *Ibid.*, p. 220.

Aussitôt la question jansénienne réglée par l'assemblée générale, les évêques avaient écrit à Alexandre VII pour l'informer de ce qu'ils avaient fait.

Le successeur d'Innocent X y répondit par la bulle *Ad Sacram*, datée du 16 octobre 1656. Il y confirmait celle de 1653, et appelait *perturbateurs du repos public et enfants d'iniquité* ceux qui soutenaient, au grand scandale des fidèles, que les cinq propositions ne se trouvent point dans le livre de Jansénius, ou qu'elles n'ont point été condamnées au sens de cet auteur. Il y assurait, en outre, comme témoin de tout ce qui s'était passé, que le fait de Jansénius *avoit été examiné du temps de son prédécesseur avec une exactitude telle, qu'on n'en pouvait désirer davantage.*

Cette bulle rendue au roi par le Nonce, le 12 mars 1657 seulement, fut reçue par l'assemblée le 17 de ce même mois.

L'assemblée en recommanda l'exécution dans tous les diocèses, et décréta que les évêques souscriraient et feraient souscrire dans l'espace d'un mois un formulaire, par lequel on promettrait sonmission aux deux constitutious d'Innocent X et d'Alexandre VII.

Cette délibération n'eut pourtant pas d'effet immédiat, l'exécution en ayant été renvoyée après la prochaine assemblée générale.

Alors, d'ardentes contestations se produisirent.

Menacés par le formulaire, les Jansénistes mirent tout en jeu pour le combattre.

Il parut dans ce sens divers écrits (1).

____

(1) Citons-en quelques-uns: Cas proposés par un docteur touchant la signature de la constitution d'Alexandre VII et du formulaire du clergé (Auctore Arnauld). — Lettre d'un avocat au Parlement à un de ses amis touchant l'inquisition qu'on veut établir en France à l'occasion de la nouvelle bulle d'Alexandre VII. — Lettre d'un ecclésiastique à son évêque, touchant la signature du formulaire de l'assemblée du clergé.

Que l'Eglise eût une autorité infaillible pour la définition des dogmes, rien de plus juste : ils en admettaient la nécessité. Telle doctrine est-elle ou n'est-elle pas conforme à l'enseignement apostolique ? C'était là une *question de droit* qu'elle avait mission assurément de trancher, et il n'était pas douteux qu'on devait dans ce cas se soumettre aux constitutions pontificales ; mais, qu'elle déclarât, par exemple, que telle doctrine, qualifiée par elle d'hérétique, se trouvait dans le livre d'un pieux et savant évêque, elle prononçait sur une *question de fait* où, l'infaillibilité ne la soutenant plus, l'erreur pouvait se mêler à son jugement, et dans la décision de laquelle par conséquent on n'était pas rigoureusement tenu de la suivre.

Que devenait à ce compte l'infaillibilité doctrinale dans l'Eglise ? Un vain mot ; pas autre chose.

Peu importait, en effet, qu'on l'acceptât en théorie, si on la rejetait dans la pratique. Dès qu'on limitait ainsi son action, elle cessait d'être ; car l'hérésie ne siège pas uniquement dans les idées : on la formule dans un texte, elle se fixe dans les livres, et c'est par eux qu'elle se propage. Notons bien que l'Eglise n'a point à se préoccuper de l'intention qu'un auteur dont elle examine les doctrines a pu avoir en écrivant. A-t-il voulu formellement l'hérésie ? ou bien l'hérésie a-t-elle trahi simplement sa pensée ? C'est de quoi elle n'a cure : cela même, elle n'a pas à le juger ; mais, ce qui est écrit, ce qui se lit, ce qui se comprend, peut-elle en apprécier la conformité ou l'opposition avec l'enseignement traditionel ? Peut-elle dire : ce livre est dangereux ; certaines propositions qu'il contient sont hérétiques ? Oui, évidemment. Son infaillibilité doit aller jusque-là, ou elle est vaine. On ne pouvait le contester qu'en usant du plus étrange de tous les sophismes. Il est vrai qu'on laissait ainsi toute liberté aux hérésiarques, et les Jansénistes savaient bien ce qu'ils faisaient.

Les évêques députés à l'assemblée de 1660 étaient décidés à poursuivre vigoureusement le Jansénisme. Ils nommèrent une commission chargée d'examiner les moyens les plus efficaces pour le détruire. De Marca et Bosquet dirigèrent les travaux de cette commission.

Le 10 janvier 1661, celle-ci présenta son rapport.

D'après ses conclusions, le formulaire devait être rendu obligatoire.

Quiconque s'inscrirait en faux contre sa teneur devait être considéré comme hérétique et puni comme tel.

Tous les évêques le devaient signer et en exiger la signature de tous les ecclésiastiques tant Réguliers que Séculiers, et de toutes les communautés d'hommes et de femmes de leurs diocèses.

L'assemblée adopta ces conclusions. Elle écrivit ensuite au Pape pour les lui faire connaître et à tous les prélats du royaume pour les leur notifier.

Ce n'est pas qu'il ne se fût produit dans son sein, au cours des quatorze séances qu'elle employa à étudier le rapport, quelques échos de l'opposition janséniste. L'archevêque de Sens, toujours mal inspiré, avait réclamé contre l'obligation du formulaire. On n'avait pas le droit de l'imposer, avait-il dit, et mieux valait pour la paix de l'Eglise ne pas recourir à cette mesure.

De sa part, une réclamation de ce genre était plus encore qu'une faute : c'était une maladresse. Pouvait-on le juger différemment à Rome que comme un esprit changeant et disposé à toutes les volte-face ? Tour à tour soumis et insoumis, jaloux de sa réputation d'orthodoxie et ne craignant pas, à chaque occasion qui s'en présentait, de donner la main à l'erreur, protestant aujourd'hui contre le formulaire qu'il devait pourtant signer huit mois après (1), il y avait chez lui absence complète de fixité : un caméléon dans l'épiscopat. Et ses amis le connaissaient bien. Même quand il eut souscrit à cette déclaration, que les cinq propositions de Jansénius étaient condamnées et hérétiques au sens de l'auteur, il ne mit point fin aux méfiances. On crut que, comme certains Jansénistes retors, il était d'avis qu'on pouvait signer le formulaire sans avoir changé pour cela de sentiment. Bavardages de médisants, tant qu'on voudra ; mais, à coup sûr, ceux qui se les permettaient ne calomniaient pas l'archevêque de Sens, et l'évènement devait bien leur donner un peu raison.

Sous prétexte que le Saint-Père, tout en louant beaucoup dans ses brefs la conduite des évêques français, n'avait pas approuvé expressément le formulaire qu'ils avaient rédigé, quelques prélats ne voulurent point donner leur signature.

Il fallut donc encore recourir au Pape. Il n'y avait qu'un formulaire imposé par lui qui pût, en forçant l'obéissance de tous, empêcher de nouvelles divisions.

Alexandre VII accorda volontiers ce qu'on lui demandait. Il envoya en France une constitution datée du 15 février 1665 et dans laquelle il enjoignait «à tous les arche- » vêques et évêques, comme aussi à tous les ecclésiastiques » séculiers et réguliers, aux religieuses, aux docteurs, aux » licenciés, aux principaux, aux maîtres et aux régents des » collèges», de signer, sous peine des châtiments canoniques, la déclaration suivante :

«Je soussigné N... me soumets à la constitution apostolique » d'Innocent X du 31 mai 1653, et à celle d'Alexandre VII » du 16 octobre 1656, et rejette et condamne sincèrement les

---

(1) M. de Gondrin signa le formulaire le 31 octobre 1661. (Procès-verbal, tom. IV).

»cinq propositions extraites du livre de Cornélius Jansénius,
»intitulé *Augustinus*, dans le propre sens du même auteur,
»comme le Saint-Siège Apostolique les a condamnées par les
»mêmes constitutions. Je le jure. Ainsi Dieu me soit en aide
»et ces saints Evangiles (1). »

Tous les évêques obéirent aux injonctions du souverain
Pontife, sauf quatre que leur résistance a rendus fameux
dans l'histoire ecclésiastique de ce temps-là. C'étaient Pavillon, évêque d'Aleth, naguère encore défenseur de l'union
intime du *fait* et du *droit*, et maintenant livré aux sectaires
pour des raisons que l'abbé de Rancé, le réformateur de la
Trappe, paraît n'avoir pas ignorées ; Arnauld, évêque d'Angers, frère du trop célèbre docteur de Port-Royal, et son
disciple ; Caulet, évêque de Pamiers, le pieux Caulet des
jours d'antan, arrivé à l'épiscopat par l'influence de Vincent
de Paul, en dépit des titres que Bosquet avait pu faire valoir
à l'héritage d'Henri Sponde (2) ; Nicolas de Buzenval enfin,

(1) Hist. Ecclés. du XVIIᵉ siècle, t. III, p. 32.

(1) En 1643, Henri Sponde accablé de vieillesse s'était décidé à se
démettre de l'évêché de Pamiers en faveur de Bosquet qui occupait
alors la charge d'intendant en Languedoc. Le vénérable prélat signa sa
résignation le 5 mai de cette même année, et l'envoya aussitôt au
successeur de son choix. Quelques jours après malheureusement, le
18, Sponde mourut et sa mort fut bientôt suivie de celle de Louis XIII.
La nomination de Bosquet fut gravement compromise par suite de
ces deux évènements. Retenu en Languedoc par des arrivages de troupes qu'il avait ordre d'approvisionner et d'embarquer pour la Catalogne (nous étions alors en guerre avec l'Espagne), il se vit dans l'impossibilité de faire valoir lui-même ses droits. Il s'en rapporta donc à
des amis qu'il avait à Paris et qui le servirent fort mal. Il fut évincé
par Jacques de Montrouge, aumônier d'Anne d'Autriche. Celui-ci n'ayant
pas obtenu ses bulles en cour de Rome, Vincent de Paul, membre
du conseil de conscience, présenta et fit agréer quatorze mois après la
candidature de François-Etienne de Caulet, abbé de Saint-Volusien de
Foix et l'un des fondateurs de Saint-Sulpice. Personne ne pouvait
prévoir en ce moment qu'un homme aussi pieux, estimé et aimé d'un
grand saint, deviendrait un jour un des piliers du Jansénisme.

évêque de Beauvais, une médiocrité qui n'a dû d'être célèbre qu'au triste honneur d'avoir fait partie de ce groupe.

Ces quatre évêques devaient malheureusement contribuer beaucoup à fortifier le Jansénisme.

Pour les obliger à une rétractation, on avait pris le parti de confier à quelques prélats la mission de les juger, au nom de l'Eglise et du clergé de France et d'après les règles du droit canonique. Mais la cour de Rome et la cour de Versailles n'avaient pu s'entendre de longtemps, ni sur le nombre, ni sur le choix des sujets à qui l'on s'en devait remettre pour cette affaire (1); et avant qu'un accord se fût établi sur ces deux points, il ne s'était pas écoulé moins de trois années : trois années troublées, pleines de querelles et d'intrigues, pendant lesquelles les quatre évêques réfractaires avaient vu se multiplier leurs défenseurs.

A la Cour, une princesse du sang, la duchesse de Longue-ville, les soutenait avec fanatisme ; ils comptaient des protecteurs parmi les ministres et des avocats très chauds dans les parlements ; beaucoup, à la Sorbonne, ne leur ména-geaient point leurs sympathies ; des réguliers même se décla-raient prêts à embrasser leur cause. Ainsi appuyés, c'eût été miracle qu'ils ne fussent pas de l'avant. Et ils y allèrent si bien, d'un cœur si tenace, et avec une diplomatie si habile, qu'ils réussirent à persuader à vingt-deux évêques, parmi lesquels était en première ligne M. de Gondrin, d'écrire au nouveau Pontife, Clément IX, une lettre où ils avouaient adhérer complètement aux sentiments de leurs collègues. *Si crimen est, nostrum est,* disaient-ils : s'ils sont coupables, nous le sommes aussi de la même faute.

On voit dès lors en face de quelles difficultés Rome se trouvait. La condamnation des quatre évêques ne pouvait

(3) Le Pape ne voulait nommer que trois commissaires. Le clergé de France en voulait douze.

qu'ocasionner les plus grands troubles dans le royaume ;
car, il faudrait mettre en jugement du même coup les vingt-
deux prélats qui étaient venus s'associer à leur rebellion. Or,
ces vingt-deux prélats étaient-ils bien les seuls qui voulus-
sent d'une solidarité pareille ? (1)

D'aucuns tout bas disaient que non, et que vingt autres
étaient disposés à prendre leur parti à la moindre attaque.
C'était triste, mais c'était ainsi.

Le Souverain Pontife avait les bras liés. Il voyait se dresser devant lui l'opposition de quarante et quelques évêques,
à peu près un sixième de l'épiscopat français de ce temps-là.

Non point que tous prétendissent que le fait d'hérésie
n'existait pas dans le cas de Jansénius, et que ce cas avait
été mal jugé par le Pape. Tous voulaient être au contraire
très orthodoxes, et sauf quelques-uns qu'on pouvait accuser
à bon droit de montrer trop de faiblesse pour les doctrinaires
de Port-Royal, ils avaient condamné sincèrement et de grand
cœur le Jansénisme ; mais ici, ils affectaient de dire que le
Jansénisme n'était pas en cause. D'une façon générale, le
Pape avait-il la même autorité pour qualifier un fait que
pour définir un dogme ? Pour eux, voilà où gisait le débat,
et il ne leur semblait pas qu'on fût hérétique parce que,
entre ceci et cela, on établissait une distinction, et qu'on faisait de la révélation la limite des jugements doctrinaux de
l'Eglise.

(1) Ces détails et ceux qui suivent sont tirés d'une relation envoyée
par le nonce Bargellini au cardinal Altieri. Voici ce que dit cette relation:
«Roma conobbe l'impossibilita di far procedere a causa de i 22
»Vescovi chi assistiti tacitamente da altri 20 gia disposti al partito, si
»dichiararono del sentimento professato da i contumaci, scrivendone
»a Clemente IX con parole tanto precise : *Si crimen est, nostrum est.*
»Si dubito d'un scismo...... Giansenismo estinto (scrittura presentata
»al cardinale Altieri, dal Mons. Bargellini, arcivescovo di Teba, nunzio
»in Francia 1669).

Que les Jansénistes devaient rire !

Peu leur importait, en effet, que leur doctrine eût été condamnée, si on lui laissait le moyen de se répandre.

Ajoutons à cela que des susceptibilités regrettables pouvaient d'un moment à l'autre augmenter encore le nombre des dissidents.

En France, il semblait admis par l'usage que les évêques ne pouvaient être déférés au tribunal de Rome qu'après avoir été jugés par leurs pairs.

Si le Pape, maintenant fatigué des lenteurs de la procédure, mécontent de voir certains commissaires ne remplir que mollement leur tâche alors que d'autres avaient déjà récusé leur mandat, se permettait de sévir, beaucoup ne crieraient-ils pas à l'abus de pouvoir et à la violation des libertés et des privilèges de l'église gallicane ?

On craignait cela à Rome.

Et au bout de toutes les mesures sévères qu'on pourrait prendre, qu'y aurait-il ? La pire des choses, un schisme, peut-être, ce qu'il fallait éviter par dessus tout.

C'est alors que le nonce Bargellini avait été envoyé en France.

La sévérité ne pouvant rien, celui-ci, en homme habile qu'il était, résolut de prendre quelque biais et d'user d'un peu d'adresse pour sauvegarder les droits de la vérité compromise.

Son premier soin fut d'exciter le zèle des commissaires; puis il obtint de la piété du Roi des ordres positifs donnés en apparence pour punir les quatre évêques, mais en réalité pour les intimider et les amener par là à faire ce que le Pape demandait d'eux (1).

(1) «Ottenne dalla pietà del re alcuni ordini positivi diretti apparentemente al gastigo de i quatro vescovi, ma dati in sostanza per

Peu après, il acquérait la conviction que si Clément IX, sans exiger des quatre évêques une rétractation positive de leurs mandements, voulait se contenter de leur obéissance et de leur souscription au formulaire, on arriverait bientôt à avoir la paix.

L'accord se fit sur cette base; non sans difficulté, par exemple.

Une première fois, on eut quelque raison de craindre qu'ils n'eussent agi par condescendance ou par peur, plutôt que par le désir de se soumettre. On exigea d'eux une déclaration écrite, scellée de leur sceau et certifiée par des notaires, qu'ils avaient signé et fait signer en toute sincérité le formulaire, conformément aux constitutions d'Innocent X et d'Alexandre VII.

Un peu plus tard le bruit se répandit que dans les procès-verbaux de leurs réunions diocésaines, ils avaient laissé insérer des protestations et des restrictions qui annulaient leur démarche. Rome demanda alors une copie de ces procès-verbaux.

Mais cela fait, les quatre évêques affirmant d'ailleurs expressément ne vouloir en aucun point se séparer du Saint-Siège, le Pape ne poussa pas plus avant son enquête.

Et tout se termina par un Bref particulièrement gracieux, qu'il leur adressa pour leur témoigner la joie que lui faisait éprouver leur soumission.

La concorde était rétablie dans l'Eglise de France.

Pour perpétuer le souvenir de cet évènement, on fit graver à Paris une médaille.

Sur une des faces on mit la figure du Roi et son nom pour légende. Au revers, une Bible ouverte, et sur cette Bible,

»intimorirli e perche rissolvessero di sodisfare a i commandamenti »del Papa.» *Giansenismo estinto.*

placés en sautoir, les clefs de saint Pierre, un sceptre et une main de justice ; puis, surmontant le tout, un Saint-Esprit rayonnant, avec cette légende à l'entour : *Restituta Ecclesiæ Gallicanæ Concordia* MDCLXIX (1).

On avait certes bien raison de se réjouir.

Malheureusement, ce n'était là qu'une trève ; le Jansénisme était loin d'avoir dit son dernier mot.

Il devait revenir un jour sur cette distinction du *droit* et du *fait*, et, remplissant tout le XVIIIe siècle du bruit de ses revendications tapageuses et des scandales de ses révoltes, se montrer l'auxiliaire le plus actif de la philosophie sceptique de ce temps dans ses entreprises contre l'Eglise.

Tandis que s'accomplissaient les évènements dont nous venons de faire rapidement le récit, Bosquet vivait retiré dans son diocèse.

Il avait pris possession du siège de Montpellier, le 24 juin 1657 (2).

Le 17 septembre de la même année, il avait fait signer par tous les membres de son Chapitre le formulaire de l'assemblée générale (3).

(1) Hist. ecclés. du XVIIe s., t. III, p. 209.

(2) Archives départementales. Fonds de l'Évéché. Reg. des délibérations du chapitre de Saint-Pierre.

(3) Voici ce que nous lisons dans le registre des délibérations du chapitre de saint Pierre, p. 665 (Archives départementales):

Assemblés capitulairement : Révérendissime père Mgr de Montpellier ; R. M. le Prévot ; RR. MM. le grand archidiacre de Valence et de Castres, les chantres, sacristain, aumônier et ouvrier, Gariel, Laurier, Rey, Brenard, Cazalèdes, Sallières, Trial, Hondrac, La Serre, Ranchin, Barthélemy, David, Roselli, et Porthessan, tous chanoines..........

Le dict seigneur-évesque ayant entretenu la Compagnie que l'opinion de Jansénius avoit apporté dans la pluspart des diocèses de ce roiaume de sy grands désordres que un grand nombre de messieurs les prélats et autres ecclésiastiques se seroient assemblez à Paris pour prévenir la continuation des dicts désordres, et auroient déclaré dans leur

Plus tard, en 1655, lorsqu'avait paru la constitution d'Alexandre VII, il avait adressé aussitôt un mandement à son clergé et à toutes les communautés religieuses du diocèse pour leur enjoindre de se conformer sans délai aux prescriptions du Saint-Père.

Mais son action était restée exclusivement locale. De rôle public, il n'en voulait plus.

Obligé de se rendre à Paris en 1661, il en était revenu dégoûté du monde, et résolu à enfermer sa vie le plus qu'il pourrait dans les fonctions de sa charge.

C'est lui-même qui nous l'apprend dans une lettre qu'il écrivait à Séguier, le 16 septembre 1664, et dans laquelle il s'excusait d'avoir été longtemps silencieux vis-à-vis du protecteur de sa jeunesse.

« Il y a trois ans, lui disait-il, que je partis d'auprès de
» vous pour venir à ma résidance, que de fâcheuses affaires
» et surtout le désir d'estre auprès de vous avoient interrom-
» püe pendant une année. Je ne puis vous dissimuler que je
» partis avec des yeux plus clairvoiants pour les choses du
» monde dont j'avois reconnu la vanité plus qu'auparavant à
» la _vue de plusieurs objets publics et particuliers_ qui con-
» vainquirent mon esprit absolument et pratiquement de
» cette vérité, que la spéculation m'avoit découverte depuis
» longtemps : que l'éclat du monde n'est que fumée ; qu'il
» n'est point de solide et véritable grandeur que celle qui

assemblée la dicte opinion de Jansénius erronée, et pour cet effet auroient dressé dés constitutions contraires que N. S. P. le Pape Innocent dixiesme auroit aprouvé ; ensemble qu'Alexandre septiesme, a présent séant dans la chaire de saint Pierre, a ordonné que la dicte constitution seroit approuvée et souscrite dans tous les diocèzes ; auquel effect il a requis que lecture en soict faite maintenant. Sur quoy le chapitre, après avoir faict la dicte lecture, a souscrit et approuvé ladicte constitution et signé dans une feuilhe papier avec ledict seigneur-évesque conformément au formulaire dressé par l'assemblée générale du clergé.

»s'appuie sur l'éternité ; et qu'enfin, on ne peut trouver
»en ce païs de misère et de souffrance aucune vraie féli-
»cité, mais seulement dans le désir, l'amour et la jouissance
»des choses éternelles. Dans cette conviction de mon esprit
»je m'appliquai à mon retour, avec plus de ferveur que
»jamais, aux fonctions de ma charge, et Dieu m'a fait cette
»grâce d'employer tout mon temps en visites, en missions, et
»en autres semblables occupations épiscopales qui ont rem-
»pli tous les jours de ce trienne. Mais aussi, faut-il que je
»vous avoue, Monseigneur, que si dans le fond de mon âme,
»j'ay trouvé quelque consolation dans ces actions, l'ennemi
»de mon repos, de mon bien, et de celuy des âmes qui sont
»commises à ma conduite, n'a cessé de traverser mes emplois
»et de faire tous ses efforts pour m'en divertir par mille
»sortes de contradictions et persécutions, soit en procez, soit
»en oppositions au bien, de la part de ceux qui me devoient
»ayder par leur obligation et leur condition. De sorte que je
»me suis veu et suis encore abismé sous les eaux qui sont
»entrées en mon âme et me font crier : « Seigneur, sauvez-
»moy ! » avec le prophète. Dans cet estat je n'ay eu autre
»secours que de Dieu, et par l'exercice de la patience qu'il
»m'a donnée, il m'a jetté avec un abandon entier dans le
»sein de sa providence et m'a fait quitter une grande partie
»de cette petite prudence humaine dont la foible lumière
»avoit esté ma conduitte. Cet estat a rompu le commerce des
»lettres, et je puis dire en vérité qu'hors de quelques affaires
»d'obligation indispensable, je n'ay écrit nulle part. Et ne
»traitant que des affaires de ma charge et du salut des âmes,
»me séparant entièrement des affaires séculières, étant la
»plupart du temps en mes visites à la campagne, il n'est pas
»merveille que j'aye ignoré les choses qui se sont passées
»dans le monde, qu'elles ne soient venües à ma connoissance

»que par hazard et longtemps après qu'elles estoient ar-
»rivées... (1). »

L'année suivante, il écrivait encore au P. Combéfis.... « Je
»vous prie, mon révérend Père, que votre amitié ne se re-
»bute point de mon silence ; car, outre la peine que j'ay à
»présent d'écrire de ma main, je suis devenu si sauvage que
»j'ai peine à tirer mon esprit de l'enceinte de mon diocèse.. (2)»

Quelle était la cause de cette *sauvagerie* que Bosquet mettait tant de simplicité à avouer ? D'où lui venait ce sentiment
qui le portait de plus en plus à s'isoler du monde, et à refuser de jouer un plus grand rôle dans les affaires générales
de son pays ? Son ami, Pierre de Marca, devenu ministre
d'Etat, et successeur du cardinal de Retz sur le siège archi-
épiscopal de Paris, lui avait fait offrir un archevêché, celui de
Toulouse qu'il quittait, et à défaut de l'archevêché de Toulouse, l'archevêché d'Auch (3). Bosquet ne s'était point prêté
à ce changement. Il était désillusionné, et les grandeurs humaines lui paraissaient maintenant ce qu'elles valent.

Etait-ce le résultat de ses infirmités précoces ? Souffrant
périodiquement de ses douleurs, il se voyait condamné, par
l'affaiblissement progressif de sa vue, que ses longs travaux
avaient compromise, à ne pouvoir lire ou écrire que par les
yeux ou la main de son secrétaire.

Etait-ce une conséquence des ennuis que se plaisaient à
lui causer, sans aucun égard pour sa bonté, certains membres turbulents et brouillons de son chapitre, dont son prédécesseur Fenouillet n'avait pu avoir raison qu'en les faisant

(1) De Gigean, 16 sept. 1664. Autographe pour la signature seulement. Biblioth. nation, MSS. FR., 17405, t. XXXIV, fol. 118.

(2) De Gigean, 1er septembre 1665. — Signat. seule autographe. —
Biblioth nat. — Lettre communiquée par M. Germain.

(3) V. Lettres de Marca à Bosquet du 31 janvier 1662 et du 14 mars
de la même année. Biblioth. nation. fonds Baluze, 121, fol. 52 et 90.

enfermer, par des gens d'armes, au château de Montferrant, la Bastille du diocèse à cette époque ?

Il y avait un peu de ceci et de cela, sans doute, dans le découragement qui s'était emparé de Bosquet ; mais ces causes particulières ou locales n'étaient pas les seules, elles n'étaient pas les plus fortes surtout, qui agissent sur ce grand esprit.

Mêlé aux questions les plus importantes de son temps, il avait vu de haut tant de passions s'agiter, et tant de convoitises se faire jour, qu'il était revenu profondément attristé dans sa retraite.

Il avait vu l'épiscopat, jadis unanime à condamner Jansénius et sa doctrine, ouvrir ses rangs à des hommes imbus d'un esprit nouveau et qui s'étaient attachés à détruire ce bel ensemble. Parmi ses collègues plus anciens, certains avaient donné le spectacle des contradictions les plus regrettables, et prêté un appui plus ou moins conscient aux revendications de l'erreur. Ce n'était là encore qu'une minorité ; mais que présageait-elle ?. Sous le spécieux prétexte de défendre les libertés et les prérogatives de l'Eglise gallicane, il lui semblait que l'on courait à bien des sottises. Ces prérogatives et ces libertés, nul n'y était plus attaché que lui ; nul ne s'en fût fait l'avocat avec plus de zèle ; mais déjà se révélaient chez plusieurs de tristes tendances. Aussi souples envers la puissance civile qu'ils se montraient indépendants vis-à-vis du Pape, il ne se dissimulait point que ces libertés, dont ils paraissaient si jaloux, allaient se changer à bref délai en la plus fatale des servitudes. On parlait beaucoup de réformes en ce temps-là. Le haut clergé, plus qu'aucun autre, hélas ! en avait besoin.

« ...J'ay eu bien de la joye d'apprendre de vous la conver- »sion de M. de Turenne, et que M. l'abbé d'Albret, son »neveu, y ait contribué, écrivait Bosquet au Père Combefis.

»L'on m'a dit de si grandes choses de la vertu et de la
»science de ce jeune seigneur, que je ne puis que rendre
»grâces à Dieu de ce qu'il nous donne une personne de cette
»qualité qui, entrant dans les plus hautes charges ecclé-
»siastiques, pourra servir beaucoup par son exemple, par
»sa doctrine et son authorité, à la réformation de nostre clergé
»supérieur qui en a autant et plus de besoin que les ordres
»réguliers. *Dispersi sunt lapides sanctuarii in capite omnium*
»*platearum*... (1) »

Est-ce que cette dernière phrase n'en dit pas plus long
que bien des discours ?...

(1) De Montpellier et du 29 novembre 1668. — Autographe. — Biblioth. nation. Lettre communiquée par M. Germain.

FIN.

SACRA FACULTAS THEOLOGIÆ URBIS AQUENSIS

THESIS PRO DOCTORATU

Quas partes in coævis disputationibus theologicis egit Franciscus Bosquet, Lodovensis prius, deinde Monspessulanus episcopus.

PROPOSITIONES.

I.

Franciscus Bosquet, unâ cum Sorbonensibus permultisque Galliæ præsulibus, enixè postulat quinque propositiones e libro Jansenii, cui titulus *Augustinus*, excerptas, a Sanctâ Sede damnari.

II.

Legatione ad hoc prope eamdem Sedem fungens, Bosquet genuinum hujusce damnationis sensum enucleari procurat, contra Jansenistarum figmenta.

III.

Pertinaces inter et orthodoxos mediator existens, Bosquet omnia pace componit.

IV.

Cleri gallicani defensor, contra Regalium juribus abutentes acerrimè propugnat.

TABLE DES MATIÈRES